Leer este libro me hizo pensar en las tristes experiencias que he tenido en relación a algunos músicos cristianos y también sobre la gran necesidad que existe de orientarlos debidamente para producir músicos y salmistas cristianos que verdaderamente cumplan con su llamado en la Iglesia.

Marcos Witt es una de las personas más adecuadas para dar a todos los involucrados en el ministerio de la música y la alabanza los consejos prácticos y espirituales para lograr el propósito deseado por Dios en la edificación del Cuerpo de Cristo, el día de hoy. Dios ha levantado a personas como Marcos que están revolucionando la alabanza en América Latina y que han tenido ya una oportunidad para vivir en carne propia las mieles y las hieles de este ministerio tan público como lo es el del canto y la música.

Puedo decir con bastante confianza que lo que Marcos escribe está respaldado por su propia vida. He observado cómo se desenvuelve Marcos en diversos congresos en México, Guatemala, Panamá, Argentina, Chile y Paraguay. Mi esposa Elsy y yo le hemos acompañado en tales giras hasta por dos semanas seguidas. Hemos viajado en un autobús noches y días enteros. Puedo decir que Marcos ha vertido en este libro las perspectivas bíblicas y vivenciales que cualquier persona que ya está en el ministerio del canto y de la música hallará interesante de leer. También el estudiante, el aspirante encontrará mucho para aprender y evitarse fracasos.

Ruego a Dios que este libro llegue a las manos de todos los músicos, cantantes y pueblo cristiano en general para poder corregir errores cometidos con tanta frecuencia, poner a este ministerio un toque de excelencia en toda la Iglesia y acercarnos confiadamente al trono de la gracia con profunda reverencia delante del que está sentado en el trono, con un corazón contrito y humillado. Tendremos que estar conscientes de que toda la gloria es para Dios, que es necesario mantenerse humillados debajo de la poderosa mano de Dios para que Él nos exalte cuando sea el tiempo.

Pastor Jorge H. López
Fraternidad Cristiana de Guatemala

¿Qué
HACEMOS
con estos
MÚSICOS?

MARCOS
WITT

✝✝EDITORIAL BETANIA

©1995 Marcos Witt
Campanilla #34
Jardines de Durango
Durango, Dgo; México, 34200

Publicado y distribuido por
EDITORIAL CARIBE, Inc.
9200 South Dadeland Blvd., Suite 209
Miami, FL 33156, EE.UU.

A menos que se indique lo contrario,
todas las citas bíblicas fueron tomadas
de la Versión Reina-Valera, revisión de 1960
©1960 Sociedades Bíblicas Unidas

ISBN: 0-88113-160-1

Impreso en EE.UU.
Printed in the U.S.A.

CONTENIDO

INTRODUCCIÓN

Por mucho tiempo se ha sabido que los músicos somos personas «especiales», y no en el buen sentido de la palabra. Tenemos fama de complicados, egocéntricos, orgullosos, rebeldes y mucho más. Hay quienes evitan tratar con nosotros. Por muchos años se ha sabido de casos en que algunos músicos han creado divisiones en las iglesias, levantando rebeliones en contra de los pastores y creando problemas en general. Las envidias, celos, contiendas amarguras, pleitos y todos los frutos de la carne han traído vergüenza y afrenta a todos aquellos que nos llamamos «músicos». Por lo tanto, como la mayoría de la gente es muy dada a generalizar piensa que todos somos iguales y que no tenemos remedio, y es por eso que trataremos estos asuntos en este libro. Vamos a comprobar que sí hay una nueva generación de músicos que Dios está levantando en estos tiempos, y que hay algunas cosas muy positivas que están sucediendo entre muchos de los músicos actuales. En este libro analizaremos de cerca mucho de lo que la Biblia enseña respecto al ministerio de la música, veremos cómo debemos comportarnos los que nos dedicamos a este hermoso ministerio, y expondremos algunas de las malas actitudes que han reinado en muchos ministerios musicales. Hablaremos acerca de la responsabilidad de los músicos hacia el Cuerpo de Cristo, y de las responsabilidades del Cuerpo de Cristo hacia los músicos. Esperamos que a través de este escrito se pueda llegar a un mejor entendimiento por parte de los músicos de su importante papel en estos tiempos, y de la misma manera que la Iglesia de Cristo reconozca, apoye e impulse el ministerio de la música. Todos disfrutamos de este hermoso don que Dios ha dado a su Cuerpo, pero debemos hablar de algunas de las cosas que han estorbado para que este sea un ministerio más hermoso, que traiga aun más bendición al reino, esperando así empezar un nuevo amanecer en la música cristiana hispana.

«¿Qué hacemos con estos músicos?», es un libro que debe leer todo músico, pastor de músicos, y cualquier persona que tenga el deseo de estar involucrada en el ministerio de la música, los que venden música cristiana en sus librerías, los que promueven conciertos de música cristiana y los que la disfrutan. Es un libro que ayudará a definir muchas de las áreas grises que han existido por tantos años en la Iglesia Cristiana con respecto a este ministerio. Es un libro que llega en un momento muy adecuado, sobre todo al ver el crecimiento extraordinario que ha tenido la música cristiana hispana en los últimos años. Espero que sea de ayuda y bendición al Cuerpo de Cristo.

1

«SE BUSCA:
MÚSICO COMO CRISTO»

HAN PASADO ALGUNOS AÑOS desde que estuve estudiando en la escuela bíblica. Al estar ahí conocí a un joven que llegaría a ser uno de mis amigos. Él era increíblemente talentoso, tanto en la música como en el canto e incluso tenía varias composiciones muy hermosas. Lo voy a llamar Lalo. No recuerdo exactamente cómo fue que desarrollamos tan buena amistad, pero sé que tenía que ver con la música. Probablemente fue porque tocábamos juntos durante el tiempo de «capilla» que había cada mañana antes de entrar a los salones para estudiar la Biblia. Quizá fue porque en aquel entonces asistíamos a la misma congregación. Lo que sí recuerdo con claridad es que conmigo pasaba mucho tiempo porque yo era una de las muy pocas personas que podía soportar su manera de ser. Lalo era muy inestable en sus emociones, y en muchas ocasiones vimos manifestaciones muy desagradables de su carácter descontrolado. Una gran cantidad de los compañeros de la escuela en realidad no lo podían soportar. Una de las preguntas que me hacían con frecuencia era: «¿Cómo puedes estar con él tanto tiempo?». La verdad es que no me gustaba la manera en que él trataba a todo el mundo, pero conocí su otro lado: el lado triste, inestable, inseguro y voluble. Tenía serios problemas de autoestima, y al no amarse a sí mismo, no podía amar a otros («Amarás a tu prójimo como a ti mismo» Mateo 19.19). Lalo vivía en una montaña rusa de emociones. Un día podía ser la persona más amable que jamás haya conocido, y al otro día podía ser un verdadero ogro. Había ocasiones en que sus palabras eran cortantes, desanimadoras y verdaderamente ofensivas. Otras veces podía ser tan amable como la abuela más tierna que existiera en el planeta Tierra. Francamente el estar con Lalo producía en todos los que lo conocimos un estado de total confusión, ya que nunca se sabía si andaba de «buenas» o de «malas». Recuerdo que había ocasiones que al sólo verlo se sabía que estaba teniendo un «mal día», y me preocupaba porque no sabía a quién iría a ofender o atacar. En fin, Lalo era un perfecto ejemplo de un músico que nunca permitió que la Palabra de Dios penetrara en su pensamiento y sus acciones, de tal manera que se reflejara en su estilo de vida. Vivía como quería, no como la Palabra le ordenaba.

Para empeorar las cosas, Lalo tenía tanto talento y habilidad natural, que al sólo tocar el piano o abrir la boca para cantar, a todo el mundo se le olvidaba su carácter terrible. Por lo tanto, siempre se le abrían muchas puertas en todo lado. Era sorprendente ver la cantidad de invitaciones que recibía para ir a ministrar a alguna iglesia o en una cruzada de algún evangelista. De hecho, por varios años fue el organista oficial de Jimmy Swaggart, en el tiempo en que este tenía muchas cruzadas por todas partes. En muchas ocasiones llegué a ver a Lalo en los programas de televisión, sentado en el órgano tocando maravillosamente bien. Pensaba dentro de mí si habría cambiado o si seguiría siendo el mismo. Desde muy temprano me di cuenta de que el Cuerpo de Cristo tiene unas peculiaridades muy interesantes, una de las cuales es la siguiente: Si alguien toca o canta bien, no importa que tenga mal carácter o un pésimo estilo de vida, porque en el momento en que abre la boca para cantar o toma su instrumento para tocarlo, todo está bien. Como que se nos olvida qué clase de persona es la que está ministrando porque en ese momento, nos hace sentir bien. La música tiene una manera de calmar los ánimos, de restaurar las emociones, de tranquilizarnos y mucho más, así que cuando ese alguien comienza a cantar o tocar, nos hace sentir tranquilos y nos refresca, ya no nos es tan importante el que tenga un mal carácter, porque lo que cuenta en ese momento es que nos hace sentir bien. A muchos músicos les perdonamos todo, sólo porque nos «hacen sentir bien». ¡Esto está mal! ¡Esto tiene que cambiar! Y es una de las razones por las que siento que el Señor me ha dado la oportunidad de escribir este libro, para poder desafiar a los músicos de estos tiempos a que vivamos de otra manera.

Lalo se casó antes de salir de la escuela bíblica. Todos los que estuvimos cerca de él podíamos ver que estaba cometiendo un error tremendo al casarse con esa chica. Se casó debido a que sentía un gran compromiso con ella y su familia, porque había sido su novia por varios años, y no porque la quisiera. Muchos tratamos de disuadirlo de que se casara con esa joven a quien llamaré Nena. La verdad del caso es que ella era extraordinaria en todo sentido, pero sabíamos que este matrimonio pasaría por momentos muy peligrosos, porque al igual que Lalo, ella tenía un carácter muy fuerte y era emocionalmente inestable en muchos aspectos de su vida (Nena también era músico, para cerrar con broche de oro). Antes de casarse, a manera de «desahogo» en un momento de ira, Lalo había roto dos parabrisas de su auto al introducir el puño en ellos. Estuve en el segundo «vidriazo». En otras palabras, yo estaba presente cuando hizo trizas el segundo parabrisas. Días después me platicó del primer «vidriazo», presumiendo de que lo había roto totalmente, y de que tuvo que ir al hospital para que le cosieran la mano, ya que se la había cortado en el incidente. Con la ira descontrolada que él tenía todos los que lo conocíamos y yo temíamos lo que pudiera suceder al estar en una situación matrimonial.

Sin embargo, se casaron y dos meses después, cuando comenzaron las clases, vi a Nena en la escuela bíblica a la que asistíamos, ya que se habían casado durante las vacaciones de verano. Le hice la pregunta que generalmente se le hace a los recién casados: «¿Qué tal te va en tu vida de casada?» Esperaba tener una respuesta como la que la mayoría suele contestar: «Muy bien». «Es increíble», «es algo fuera de serie». Pero casi me caigo de la sorpresa cuando, con toda seriedad y honestidad, Nena me respondió de la siguiente manera: «Si lo tuviera que hacer de nuevo, no me casaría con un músico». ¡No tenían ni dos meses de casados! No puedo describir cómo me sentí en ese momento. Muchos pensamientos además de una gran vergüenza llenaron mi mente, por lo que acababa de oír. Por unos instantes me sentí mal por ser músico. Lo único que pude contestarle a Nena fue una risa nerviosa y un nada sincero «qué interesante».

Desde aquella tarde empezó una revolución dentro de mí, y comencé a preguntarme muchas cosas: ¿Por qué tiene que ser así? ¿Seremos tan terribles los músicos, que la gente «normal» de la sociedad no quiere tener nada que ver con nosotros? ¿Por qué no habrá más músicos dispuestos a vivir realmente lo que la Palabra de Dios enseña? Muchas preguntas como estas surgieron en mi espíritu, y creo que fue desde aquella tarde que me propuse, en el corazón, ser un músico diferente a los demás, y animar a cuantos músicos pudiera para que también fueran diferentes. Aquel día me propuse en mi corazón que, independientemente de con quién me fuera a casar, mi esposa dijera que no estaba arrepentida de haberse casado con un músico, sino por el contrario, que no lo hubiera querido de otra manera.

La respuesta de Nena me cayó como un balde de agua fría. Al reflexionar en esto, hoy me doy cuenta de que esa respuesta fue determinante en la formación de mis pensamientos. ¡Las cosas tenían que cambiar! Simplemente, ¡no podían seguir igual!

En muchas ocasiones he escuchado a diferentes personas decir: «Compréndelo, al fin y al cabo es músico», o «Bueno, ya sabes cómo son los músicos»; para dar a entender que un músico se está portando de una manera equivocada o poco cristiana. Normalmente esta clase de comentarios surgen cuando el músico está reclamando algo o demandando algo de alguien, y ese alguien está frustrado por las demandas del músico. Pareciera que todo el mundo ya sabe que «así son los músicos». Es triste tener que reconocerlo, pero así es. Se nos conoce como personas melancólicas, inestables, rebeldes, testarudas, obstinadas, emocionales, indisciplinadas, perezosas, orgullosas, desorganizadas, y tantas otras cosas que para qué seguirlas enumerando.

En una ocasión Lalo me dijo «Es que... ¡así soy yo!, y creyó que con esa respuesta terminaría con el asunto que estábamos tratando. Esa era una de las muchas ocasiones en que estábamos hablando acerca de su personalidad y carácter insoportable. «Así es mi mamá y mi papá; y todos en mi familia tenemos un carácter duro y terminante; y bueno, así soy yo también». Con esa frase, al igual que mi amigo Lalo, muchos músicos se han quitado la responsabilidad de tener que enfrentarse a sí mismos. Desgraciadamente, ese argumento no se puede sostener a la luz de la Palabra de Dios porque la Biblia lo dice con esta claridad:

De modo que si alguno está en Cristo, NUEVA CRIATURA ES; las cosas viejas pasaron; he aquí, TODAS son hechas nuevas" (2 Corintios 5.17; énfasis mío).

En el momento en que cada uno de nosotros entra «En Cristo», pasamos de muerte a vida eterna en Él, en esto se incluye a los músicos, que por mucho tiempo han creído ser la excepción a esta regla. Todos los que hemos entrado en Cristo comenzamos el hermoso proceso de la «santificación», o sea el proceso en que permitimos que Dios nos renueve en nuestros pensamientos, nos transforme, nos separe y nos purifique de todas aquellas cosas que no son agradables a Él. Dice el apóstol Pablo, escribiendo a los Romanos:

> ... *os ruego por las misericordias de Dios, que presentéis vuestros cuerpos en sacrificio vivo, santo, agradable a Dios, que es vuestro culto racional. No os conforméis a este siglo, sino TRANSFORMAOS, por medio de la renovación de vuestro entendimiento... (Romanos 12.1,2; énfasis mío)*

Por desgracia, muchos músicos son la excepción a este proceso. La verdad es que no sé el porqué. Tengo algunas teorías, entre las cuales se encuentra la siguiente: Por mucho tiempo la gente en la iglesia le ha perdonado muchas cosas al músico, simplemente porque «canta bonito» o «toca bonito». Mientras el músico siga teniendo esa clase de plataforma para cantar y tocar (porque es lo que realmente quiere), nunca tendrá la necesidad de confrontar sus malas actitudes. Mientras no se le quite esa plataforma de la que goza, no tiene por qué encararse a su carácter descontrolado. Mientras los hermanitos sigan diciéndole cosas como: «Ay, qué hermoso estuvo ese canto, cómo me trajiste bendición al cantarlo», el músico siente que Dios lo usó para tocar a esa persona, y que si Dios lo está usando de esa manera no tiene necesidad de cambiar. Y no hay absolutamente nada de malo que un hermano, movido por el canto o la música que produjo el músico en cuestión, diga esas palabras de ánimo y bendición. Al contrario, qué bueno que en el Cuerpo de Cristo nos podamos animar el uno al otro, deberíamos hacerlo más a menudo. La culpa, desde mi punto de vista, no la tienen los hermanos, sino los músicos que no saben agradecer al

Señor todas esas palabras de elogio; no reconocen que no las tuvieran si no fuera por Él, ni que todo lo tienen por Él. Casi en todos los casos donde hay un músico que se traga la gloria su reacción es violenta, en el momento de quitarle la plataforma que tanto disfruta, porque lo que más desea es, precisamente, el reconocimiento. Al tenerlo, no tiene por qué darle cara a sus actitudes incorrectas, o simplemente no lo ve como una necesidad en su vida. El reconocimiento hace cosas extrañas a los músicos (por no decir a la humanidad).

Recuerdo como si fuera ayer la noche en que Lalo y yo estuvimos sentados juntos en la congregación a donde asistíamos. Era un miércoles por la noche y ya estaba terminando la reunión; al piano estaba una hermana que tocaba bien, pero que no era el «talentazo» que era Lalo. Durante toda la reunión él me había estado señalando todos los errores que cometía esta hermana que estaba acompañando al equipo de alabanza en el piano. Sucede que ella era una de las muchas personas que no podían relacionarse bien con Lalo. Entonces, cuando ya estaba por finalizar la reunión, ella me hizo una señal para que fuera a tocar el piano porque tenía deseos de orar con alguien que había pasado al frente para recibir ministración. Cuando me dirigía al piano, me fijé que Lalo estaba saliendo del auditorio. ¡Estaba enojado! «Lo más probable», pensé, «es que está molesto porque me llamaron a tocar a mí y no a él». Lalo ya no volvió a entrar al auditorio, y como era quien me iba llevar a casa esa noche, me lo encontré en el estacionamiento sentado encima de su Volkswagen sedán y más que molesto: ¡Estaba furioso! Durante los primeros quince minutos de nuestro «viaje» a mi casa permaneció en total silencio. Cuando me atreví a preguntar qué era lo que le pasaba, desató sobre mí el furor de su ira a tal grado que me sentí arrepentido por no haber continuado disfrutando del silencio que habíamos tenido unos momentos antes. Empezó diciendo: «¿Cómo es posible que te llamen a tocar a ti, si tocas tan horrible?» para mí, a estas alturas de nuestra amistad, era muy normal escuchar esas palabras. Continuó: «Estando a un lado tuyo, inclusive del lado del pasillo en que hubiera sido mucho más accesible para mí salir para ir al piano, te llaman a ti. ¡Qué injusticia!» Estos reclamos y estas palabras siguieron por más de una hora, porque en lugar de llevarme directo a mi casa me paseó por todo San Antonio, Texas, hasta que se le empezaron a calmar los ánimos, después de hablar con él. Francamente, por varios momentos no sabía qué iba a suceder al final de esta situación, pero gracias a Dios me llevó a casa y pude animarlo un poco y asegurarle que lo que necesitaba era ver las cosas más desde el punto de vista de Dios. Fue en esta ocasión en que me tocó verlo descuartizar, por segunda vez, el parabrisas de su pequeño Volkswagen sedán. Este era sólo uno de los muchos incidentes que habría a través de nuestra amistad.

Cuando se le quita la oportunidad de «lucir» sus grandes talentos delante de todos, el músico se enfrenta a sus actitudes, y puede tener una oportunidad de corregirlas. Sin embargo, mientras sigue gozando de «plataforma» y reconocimiento, no tendrá por qué hacerle frente a sus actitudes negativas. Es necesario que los líderes desarrollen una relación con sus músicos para que los ayuden a parecerse a Cristo. En lugar de descartarlos como personas problemáticas, deberían pasar más tiempo con ellos, porque pueden ser una gran fuerza a favor del mover de Dios en cualquier congregación.

¿COMO CRISTO?

Algo que tenemos que hacer todos los que somos seguidores de Jesús es revisar constantemente nuestras actitudes con respecto a todo. Sólo porque en este libro estamos hablando a los músicos, no significa que todos los demás están exentos a lo que decimos. Sin embargo, pareciera, que los músicos son algunos de los que más batallamos en el área de nuestras motivaciones, actitudes y personalidades. Es importante hacernos de manera continua esas preguntas que nos llevan a conocer más de cerca cuáles son las razones por las que hacemos muchas cosas. Debemos estar comparando continuamente nuestra vida al lado de quien debería ser nuestro máximo ejemplo: Jesucristo.

Cuando estudiamos la vida de Cristo nos damos cuenta de que era una persona totalmente entregada a la gente. Su pasión era ver por las necesidades de otros. Estaba tan desinteresado en su propia persona que ni tenía donde pasar la noche (Mateo 8.20). Existen muchos versículos que hablan de la compasión que el Señor tuvo por la gente, pero ahora sólo vamos a ver algunos de ellos.

Y al ver las multitudes, tuvo compasión de ellas (Mateo 9.36).

Y saliendo Jesús, vio una gran multitud, y tuvo compasión de ellos, y sanó a los que de ellos estaban enfermos (Mateo 14.14).

Y Jesús, llamando a sus discípulos, dijo: Tengo compasión de la gente, porque ya hace tres días que están conmigo, y no tienen qué comer... (Mateo 15.32)

Entonces Jesús, compadecido, les tocó los ojos... (Mateo 20.34)

Y Jesús, teniendo misericordia de él... (Marcos 1.41)

Como podemos ver a través de estos versículos, Jesús era una persona totalmente entregada a los demás. Este es uno de los atributos que debería caracterizarnos a quienes estamos en el Cuerpo de Cristo, pero sobre todo a los que nos dedicamos al ministerio. Es oportuno que empecemos a ver el ministerio de la música con la misma importancia con la que vemos muchos otros ministerios. Deberíamos reconocer que aquellos que se dedican al ministerio de la música tienen que ser responsables por sus actitudes, una de las cuales debería ser la compasión o misericordia por la gente. Por desgracia, a muchos músicos no se nos reconoce como hombres y mujeres que pensamos en otros, sino todo lo contrario, somos personas que pensamos más en nosotros mismos. Es urgente que cada uno de nosotros comience a ver nuestro nivel de entrega a los demás, y si encontramos que no tenemos el mismo nivel que tuvo Jesús, pedirle al Señor que nos llene de su carácter misericordioso, compasivo y entregado a la gente. Cada vez que tengamos un «ataque» de egocentrismo deberíamos recordar que Jesús vivió para servir a los demás, y para dar su vida en rescate por muchos;

> *Como el Hijo del Hombre no vino para ser servido, sino para servir, y para dar su vida en rescate por muchos (Mateo 20.28).*

SERVIR Y DAR no son palabras que caracterizan a muchos de los músicos que se encuentran en el mundo hoy día, ni afuera ni adentro de la Iglesia de Jesucristo. Es triste reconocerlo, pero en cuanto podamos enfrentarnos a esta realidad, podremos dedicarnos a ajustar estas actitudes incorrectas, y de esta manera llegar a ser más como es nuestro Señor. En esas dos palabras tan sencillas como Cristo se encuentran resumidos todos los frutos del Espíritu, los mismos que deberíamos tener cada uno de nosotros: amor, gozo, paz, paciencia, benignidad, bondad, fe, mansedumbre, templanza (Gálatas 5.22,23). Si tan sólo pudiéramos llegar a ser como Cristo...

Se acabó el tiempo de estar excusando a aquellos músicos que rehúsan adoptar las características de Cristo. Pareciera que hay tan pocos músicos que tienen la personalidad de Cristo, que podríamos añadirlos a las listas crecientes de las «razas en extinción». Existe una gran necesidad, entre nosotros los músicos, de adoptar todo el carácter de Cristo. Mientras, tanto deberíamos poner unos posters por todos lados anunciando:

SE BUSCA:
VIVO O MUERTO
Músico como Cristo

Recuerdo la tarde en que Lalo y yo comimos en una cafetería de la ciudad de San Antonio, donde nos habíamos conocido y habíamos pasado mucho tiempo juntos, y en la que nos encontrábamos después de pasar por lo que sería la peor etapa de su vida. Desde que nos habíamos visto la última vez (que fue en las oficinas centrales del ministerio de Jimmy Swaggart, en una ocasión en que pasé por ahí), habían pasado muchos años. Yo me había casado, tenía a mi hijita Elena, y mi esposa y yo estábamos iniciando lo que ahora se conoce como «CanZion Producciones». Lalo, con una preciosa niña de 7 años, se había divorciado de su esposa Nena y se había apartado del camino del Señor, viviendo una vida de libertinaje y desenfreno total y absoluto. Al estar frente a mí esa tarde en aquel restaurante, se le veía acabado y muy cansado, sin voluntad de lucha y sumamente avergonzado por el último año que había vivido. Sucede que en su juventud había pasado un tiempo jugando con la homosexualidad, y en este tiempo que se había apartado del Señor se sumió totalmente en ese estilo de vida. Vivió por un tiempo con otra persona que, aparentemente, fue quien lo contagió del «HIV», el virus que conduce al SIDA, y la noticia de esto me la estaba dando justo un día después de que se la habían dado a él. Lalo llevaba mucho tiempo preocupado, pensando que ya estaba contagiado, y la confirmación de esto lo llevó de nuevo a los pies de Jesús. Cuando platicamos él y yo, tenía sólo dos meses de haber vuelto a los caminos del Señor, ahora sí, decidido a cambiar y a permitir que el Señor tratara con su carácter y sus actitudes. Esa tarde tuvimos una conversación muy interesante, en la que me pedía perdón por todas las veces que me había humillado, y me expuso el deseo de su corazón de restaurar totalmente su relación con el Señor. Pude ver ese día por su nuevo brillo en los ojos cuando hablaba del Señor, que Lalo, en realidad, había tenido un reencuentro bastante serio con Jesús. ¡Esto me llenó de alegría! También en muchos aspectos me llenó de tristeza, porque Lalo, al igual que muchos de nosotros, tenemos que pasar por muchas cosas para que al fin veamos nuestro error y recapacitemos. ¡Qué lástima que Lalo se dio cuenta de esto demasiado tarde! Ojalá se hubiera percatado años atrás, mientras había tiempo y oportunidad para ser usado por el Señor de una manera mucho más grande.

La última vez que vi a Lalo fue un par de años después de nuestra reunión en la cafetería. Se había vuelto a casar con una hermosa hermana en Cristo (su primera esposa también se había vuelto a casar), con quien dictaba conferencias sobre el SIDA y sus realidades en diferentes congregaciones. En esa ocasión ya se veían los efectos que estaba teniendo en su cuerpo esta terrible enfermedad, pero su espíritu estaba estable, animado (una persona totalmente distinta a la que yo había conocido), y le di gloria a Dios porque al fin Lalo estaba contento con él mismo en el Señor, y porque era útil a muchas personas, quienes al igual que él, estaban luchando por su vida en contra del SIDA. Se veía en él propósito, entrega y entusiasmo, cosas que nunca había tenido. Anteriormente, lo único que lo gobernaba era la ambición ciega de ser «alguien» en la música y en el ámbito cristiano. Ahora se le notaba el descanso que tenía en su corazón de sólo estar haciendo la voluntad del Señor. Era otro hombre. Siempre bajaba los ojos avergonzado cuando hablaba de su pasado, reconociendo que había sido un verdadero necio, y expresando que hubiera querido arreglar todo el daño que había hecho a muchas personas. Desgraciadamente era demasiado tarde.

Mi amigo Lalo murió en 1993. Me da gusto poder decirle que sus últimos años los vivió entregado al propósito firme de bendecir a cuanta gente pudiera con aliento, esperanza, amor y compasión a través de participar del amor de Cristo para con nosotros, sin importar cómo somos. Les predicaba que Cristo los recibía tal y como eran, con el fin de poner en ellos su carácter y semejanza. Quién mejor para hablar de esto que Lalo, ya que describía perfectamente lo que él había vivido en carne propia. En un intento por recuperar el tiempo perdido, viajó por todos lados, para llevar su mensaje de compasión y esperanza a muchos enfermos de SIDA. Supe que murió cuando regresaba de un viaje en el que había contado sus experiencias. En otras palabras, murió activo, en la batalla, luchando, como debemos hacerlo todos los soldados que estamos en el ejército del Señor. Lalo fue un soldado restaurado. Ojalá hubiera reconocido su error a tiempo, pero lo bueno es que permitió que el Señor lo restaurara.

Este libro lo dedico, en parte, a la memoria de mi amigo Lalo, esperando que su testimonio sea una inspiración para que muchos permitamos que la Palabra de Dios more en abundancia en nuestros corazones, permitiendo al Espíritu Santo hacer la obra que Él desea hacer en nuestras vidas, antes de que sea demasiado tarde.

P - ¿Qué hacemos con estos músicos?
R - Animémoslos. Enseñémosles. Tengámosles pa-

ciencia, amor y compasión. Eduquémoslos. Apoyémoslos. No los descartemos, no los perdamos, por favor.

SE BUSCA:
¡VIVO!
Músico como Cristo

2

¿ARTISTAS O «HARTISTAS»?

POR MUCHO TIEMPO, a la mayoría de personas que se dedican a la ejecución de las bellas artes, la música, el canto, la escultura, la literatura, etc., se les ha conocido como hombres y mujeres muy apasionados, impulsivos, egocéntricos y orgullosos. Su mundo gira alrededor de ellos y sus necesidades, importándoles muy poco los deseos y/o necesidades de los demás. Cuántas veces hemos sabido de ocasiones en que alguna famosa estrella, guiada por su egocentrismo y orgullo, ha hecho algún berrinche público trayendo vergüenza a sí misma y a todos los que la acompañan. No hace mucho tiempo, cuando visitábamos el hermoso país de Argentina, después de una noche de ministración, regresé al hotel y prendí el televisor, buscando algunas noticias. Tengo el hábito de estar viendo las noticias locales, a través del periódico o noticieros en la televisión de las ciudades y países a donde viajo. En esta ocasión, la noticia del momento era que esa tarde el famosísimo astro de fútbol, Diego Maradona, había tenido una confrontación con los periodistas que estaban frente a la puerta de su casa deseando una entrevista. El pleito había sido tal, que uno de los periodistas resultó herido a causa de un balín que disparó Maradona, en un momento de furor y descontrol. Al ver las escenas que pasaba la televisión de un hombre soberbio y enfurecido, no pude evitar pensar, con todo el respeto, que este era un hombre que siempre había tenido lo que quería, que nunca le habían negado nada y lo más probable es que sus padres no lo disciplinaron mucho de niño. Su ego está por encima de las estrellas. Como él, podríamos hablar de muchos. La historia misma nos relata de los desenfrenos y los excesos que tenía el genio musical, Amadeus W. Mozart, que murió muy joven, siendo una de las razones principales de su muerte la vida desordenada que llevaba. Por desgracia, las malas actitudes y los egos fuera de control no son algo reservado para los que ejecutan las artes en el ambiente mundano, sino que también en el ámbito cristiano existe este fenómeno. Es por eso que llevo mucho tiempo pensando en que sí son artistas, pero con la letra «H» al principio de la palabra, proveniente del verbo «hartar», porque nos tienen «hartos» con sus actitudes y sus formas orgullosas de ser. Es tiempo de que esto cambie dentro del Cuerpo de Cristo, y es una de las razones por las que me he propuesto escribir este libro, para ver que Dios levante una nueva generación de ministros de música. Las cosas que pienso hablar en este capítulo seguramente me traerán algunas enemistades, pero mi deseo no es hablar ofensivamente de nada ni nadie, sino de exponer algunas de las formas equivocadas de pensar que hemos tenido, esperando que el Espíritu del Señor nos haga conocer un mejor camino en el cual podamos andar.

¿REQUISITOS PARA «SERVIR»?
Una de las cosas que caracterizan a los artistas, tanto seculares como cristianos, son las largas listas de requisitos que piden a quienes los invitan, como garantías, antes de ir a tal o cual lugar a «presentarse». Algunas de estas listas son tan largas, que se han convertido en grandes manuales. En las mismas piden cualquier cantidad de cosas, desde requerimientos de sonido y plataforma (que son entendibles, hasta cierto punto, si es que no se lleva a la exageración), hasta la marca de chicles y mentas que requiere el «artista» durante la presentación, sin mencionar la clase de refresco, fruta, galletas y golosinas que

también solicitan. Hay algunas cosas que pueden causar mucha risa, cuando uno las conoce. Por ejemplo, supe de una persona que pide que se le instale una ducha a «quince pasos de la parte trasera de la tarima» porque en el intermedio, el «artista» quiere darse un baño y cambiarse de ropa. ¿Qué tal las personas que piden que se las recoja en el aeropuerto en cierto estilo de vehículo, empezando con la marca del mismo hasta el año y modelo? ¿O de las personas que piden que se las traslade por avión... en primera clase? ¿O de las que exigen cierto tipo de hotel, baños, etc.? En fin, podríamos perder muchísimo tiempo hablando de estos asuntos tan ridículos, pero no lo vamos a hacer. La única razón por la que las menciono es por que son cosas que no deberían existir en el Cuerpo de Cristo, y sin embargo existen. Creo que estaríamos de acuerdo si supiéramos que esto pasa con los artistas del mundo secular, pero ¡gran sorpresa, al saber que también algunos del Cuerpo han aprendido estas tácticas tan seculares! Aparentemente lo hacen sin pena porque tienen sus demandas y requerimientos impresos en hojas y manuales que mandan a todas las personas que los invitan. No le estoy platicando un rumor, o algo que alguien me dijo, sino algo que he visto y experimentado personalmente. Estas hojas se llaman «rider», por si acaso alguien nunca ha visto una. El problema no es el «rider» en sí, sino el espíritu que está detrás de este. No puedo imaginarme a Cristo pidiendo todos estos requisitos, poniendo todas esas condiciones para hacer lo que vino a hacer: SERVIR Y DAR (véase Mateo 20.28). ¿Quiénes nos creemos para poner toda clase de condiciones, para servir y dar? Por qué pensamos, sólo porque así lo hacen en Babilonia, que se debe hacer de la misma manera entre los hijos de Israel? Nadie nos puede mostrar una sola pieza de evidencia bíblica, que muestre que debemos mandar «riders» con todos nuestros requerimientos antes de aceptar una invitación para «servir y dar». Hemos convertido el hermoso privilegio de ministrar al Cuerpo de Cristo en una oportunidad de tener ganancias personales, y el Señor nos demandará cuentas de todo eso.

Imagínese la tarde en que Jesús recorría algunos de los lugares por donde siempre andaba, cuando de pronto se le presenta un hombre de mucha influencia: Jairo. Casi puedo ver brillar los ojos de Judas Iscariote que por alguna razón extraña era el tesorero del ministerio de Jesús. Me puedo imaginar que por algunos instantes, Judas hizo cuentas en su cabeza sobre una cantidad buena de dinero que Jesús debería pedirle como ofrenda a Jairo, al fin de cuentas era para «el avivamiento del reino». «He aquí una gran oportunidad», ha de haber dicho Judas, «Señor, no se te vaya a pasar esta ocasión. Asegúrate de que te "garantice" una buena ofrenda».

Sería herejía pensar que Jesús le haya dicho a Jairo: «Hermano Jairo, usted sabe que para llevar un ministerio como el mío, todos estos discípulos a quienes tengo que alimentar y mantener, y bueno, el boletín mensual que enviamos a todas partes, los diversos ministerios que sostenemos en el África y en Centro América, los orfanatorios, todos lo viajes, los hoteles, y tantas cosas que requieren de mucha plata. Antes de poder ir a orar por su hija, hermano, entienda que estamos lejos de donde vive usted. Necesito que me garantice un camello del año para llevarme hasta allá, con aire acondicionado, por favor, un hotel de cinco estrellas, para mí y los doce muchachos, alimentación y una ofrenda garantizada por la cantidad de..., cuánto dijiste Judas?»

¡NO, NO Y MIL VECES NO! Este no es el Jesús que vemos en la Biblia. El Jesús de la Biblia es el que vemos resumido en este versículo tan precioso:

«Cómo Dios ungió con el Espíritu Santo y con poder a Jesús de Nazaret, y cómo éste anduvo haciendo bienes

y sanando a todos los oprimidos por el diablo, porque Dios estaba con Él» Hechos 10.38.

ESTE ES EL JESÚS DE LA BIBLIA. Anduvo por todos lados haciendo «bien» y «sanando a TODOS». A Él no le importaba si le daban ofrenda o no, y quiero asegurarle que le dieron, de otra manera no hubiera tenido necesidad de un tesorero. A Jesús no le importaba si dormía en un hotel de cinco estrellas o no, lo que le importaba era llegar a la gente, ministrar a sus necesidades, sanar a los oprimidos. Tanto que decimos, usted y yo, que queremos parecernos a Jesús. ¿Será cierto? ¿Estaríamos dispuestos a dormir en las cuevas, en los campos o en cualquier lugar, así como lo hizo Jesús? ¿Creemos que al ministrar a la gente vale la pena correr el riesgo de que probablemente no nos den ofrenda? ¿O nos estaremos engañando? Quiero decir, sin temor a equivocarme, ¡algunos nos estamos engañando! Si en el momento en que les quiten todas sus comodidades abandonan la obra del Señor, entonces sólo se estaban engañando a sí mismos y, más triste aun, a todos nosotros.

Los «riders» que mandamos deberían reflejar el espíritu con el que lo mandamos. Si hay un espíritu de entrega y amor al ministerio, en ese espíritu deberían ir los «riders». Sería una buena ocasión para todos aquellos que nos encontramos en la preciosa tarea de ministrar al Cuerpo de Cristo, de revisar nuestras motivaciones, nuestros «riders» y asegurarnos de que no haya nada en ellos que no se parezcan a Cristo. Si deseamos que nuestro ministerio refleje a Cristo, deberíamos dejar de ser «artistas» y convertirnos en ministros o «salmistas».

«SALMISTAS»

En 1989, cuando el Señor me dirigía a organizar el primero de nuestros Congresos Anuales, uno de mis invitados fue un querido hermano, amigo y consejero, Víctor Richards. El hermano Víctor fue dirigido por el Señor, en ese Congreso, a hablarnos sobre muchas cosas que nunca habíamos escuchado antes. Recuerdo como si fuese el día de ayer cuando nos predicó sobre el tema: «Lo que yo, como pastor, espero de mis músicos». ¡Qué mensaje tan oportuno y necesario para cada uno de los que estuvimos esa noche! Fue desde entonces que empezamos a escuchar con frecuencia, de parte del hermano Víctor, la palabra «Salmista». Seguramente, ha habido quienes la han usado antes, pero para nosotros fue de gran impacto esta palabra en el uso que le estaba dando. El hermano Víctor nos reto a dejar a un lado la palabra «artista», precisamente por todas las malas connotaciones que esta lleva, y que empezáramos a utilizar esta *nueva* palabra «salmista» (que tiene muchos siglos de existencia), como una manera de identificar a esta *nueva* clase de músicos que Dios está queriendo levantar. «Salmista» tiene un significado más profundo: Da a entender que es una persona que, aparte de ejecutar bien su «arte», es consagrada a Dios y separada para Él. También podemos entender que es alguien que sabe acerca de la necesidad que hay de la unción del Espíritu Santo en su vida, al igual que en su música. Como en todo, hay que recordar que sólo porque se le da el título de «Salmista» a alguien no le hace salmista, sino que la manera de vivir de esa persona es la que respalda el título.

Buscando en el diccionario el significado oficial de la palabra «salmista» me encontré con esto:

«Compositor de salmos; el que canta».

Luego, la palabra Salmos:

«Canto o cántico sagrado de los hebreos y de los cristianos, que contienen alabanzas a Dios».

Me dio tanto gusto saber que la Real Academia haya tenido la suficiente sabiduría para reconocer que existe una diferencia entre canto «normal» a un «salmo», porque este último contiene «alabanza a Dios», y el salmista es quien ejecuta estos salmos que contienen estas alabanzas a Dios.

En varias ocasiones he escuchado a mi amigo, Chuy Olivares, hablar a cerca de las estrellas. Sin robarme todo su mensaje, y dándole el crédito correspondiente, sólo quisiera hacer conocer con brevedad algo que predica Chuy. A casi todos los artistas les llaman «estrellas». Hay algunas cosas que hay que recordar de las estrellas: 1) Sólo salen de noche. Ha habido tanta obscuridad por tanto tiempo en el Cuerpo de Cristo, que han brillado muchas estrellas. Ese día, sentimos, está llegando a su fin. 2) La luz del sol opaca la de las estrellas. Cuando sale el sol, las estrellas dejan de brillar, simplemente ya no se notan. Otra de las razones de que las estrellas que han estado dentro del Cuerpo dejaran de brillar es porque ha nacido el «Sol de Justicia» (Malaquías 4.2) y su luz está opacando a todas las demás. Esto es algo muy interesante acerca de la alabanza y adoración: exalta al único que es digno de recibir la gloria, y todo lo demás TIENE que ir en segundo lugar. Por eso es que hay muchos que se oponen a la alabanza y adoración, porque no están acostumbrados a tomar el segundo lugar, están acostumbrados a que se vea la luz de ellos. Pero Dios está levantando a toda una generación de adoradores cuyo único deseo es que brille el Sol de justicia y que su gloria llene la tierra como las aguas cubren al mar.

Tú, ¿qué eres: hartista o salmista?

3

EL MINISTERIO DE LA MÚSICA EN LA BIBLIA

SERÍA UNA GRAN IMPRUDENCIA de mi parte hablar sólo de las cosas negativas que han pasado con algunos músicos, ya que podríamos decir mucho acerca de lo positivo que hay en el ministerio de la música. De hecho, creo que una de las razones por las que han sucedido cosas negativas es debido a que ha faltado un entendimiento mayor sobre la música como un ministerio al Cuerpo de Cristo, un servicio al Señor y a su pueblo. En términos generales, necesitamos *elevar* la percepción del ministerio de la música en la iglesia cristiana hispana de todo el mundo, a un entendimiento más profundo de lo que significa el ministerio de la música, qué lugar ocupa en la Palabra y cuál es su lugar en la Iglesia contemporánea. Eso es lo que haremos en este capítulo. Estudiaremos lo que la Biblia habla acerca del ministerio de la música, y aplicaremos algunos elementos a nuestra situación actual. Espero que al terminar esta sección, usted tenga un mejor conocimiento de la importancia que la Biblia le da a la música, y que quienes estamos en el liderazgo de la Iglesia hoy en día le demos la misma importancia. Creo que aquí es donde empezamos a ver las respuestas a la pregunta que planteamos en el título de este libro «¿Qué hacemos con estos músicos?», porque una de las respuestas es: enseñémosles un mejor camino, más apegado a la Palabra de Dios, de cómo debe comportarse, vivir y moverse un ministro de música. Aquí empezaremos a plantear algunas de las ideas para ese proceso de educación.

LA BIBLIA ESTÁ LLENA DE MÚSICA

Es imposible leer la Biblia y pasar por alto la cantidad impresionante de versículos donde se menciona la música, los cantos, los cantores, la alabanza, la adoración, el regocijo (que en muchos casos significa, en el hebreo original «cantar con gozo»), y los instrumentos de música. Una y otra vez vemos referencias a todas estas actividades, dándonos a entender que es algo muy importante para Dios. Considere lo siguiente ¿Cuál es el libro más grande en la Biblia? Los Salmos, el libro de los cantos. ¡Interesante! Salmo 100.2 dice: «Venid ante su presencia con regocijo», y la palabra hebrea que se emplea aquí para «regocijo» es *rananah* que significa: «resonante clamor», gritar (con gozo). *Rananah* viene de la palabra hebrea «ranan» que significa: «en gozo, en júbilo, en alabanza, en cántico». Por algún motivo, en base a estas palabras hebreas, la traducción de la Biblia en inglés, dice: «Venid ante su presencia con cántico». De acuerdo a este versículo, el Señor **ordena** que la manera en que debemos acercarnos a Él es a través de resonantes clamores de júbilo y con cánticos. No estoy diciendo con esto que es el TODO para acercarnos a Dios, porque sería enseñar algo fuera del balance que hay en la Palabra. Lo que SÍ estoy diciendo es que existe este aspecto alegre y jubiloso de acercarnos a Dios, que tradicionalmente no se ha recalcado en la iglesia. La música, el canto, la alabanza y la adoración tienen un lugar muy importante en el corazón de Dios, de tal manera que en la Biblia se mencionan estas palabras, y otras relacionadas a estas, aproximadamente 800 veces. ¡Interesante! Considere que al infierno sólo se le menciona setenta veces en la Biblia, y sin embargo, ¿cuántas veces hemos escuchado sermones fuertes sobre el infierno, y cómo perecerán en el lago de fuego todos los que no se arrepienten? Esta verdad acerca del infierno es cierta, y no es mi intención restarle importancia. Pero es interesante ver que la música, el canto y la alabanza tiene en muchos lugares y en muchas congregaciones menos importancia que la prédica sobre el infierno; siendo que en la Biblia, si tomamos como referencia la cantidad de veces que se menciona un tema en comparación con el otro, la música, la alabanza y la adoración a Dios, se enfatiza más. ¿Estoy acaso diciendo que sólo hay que darle importancia a la música, la alabanza y la adoración? NO... Estoy diciendo que es una parte muy importante de nuestra vida como Iglesia y Cuerpo de Cristo, y debemos empezar a conocer más al respecto de este tema para darle la importancia que merece, tanto en nuestras vidas individuales como congregacionales. Todos los temas tienen la misma importancia, y otros han escrito y escribirán muchos libros sobre ellos. En este libro, tengo la tarea de exponer sobre el tema de la música, y es lo que haré, con la ayuda de Dios.

PERSONAJES MUSICALES EN LA BIBLIA

Según el Nuevo Diccionario Bíblico, y muchos otros comentaristas, se cree que el que inventó la música fue un hombre llamado «Jubal, Hijo de Lamec». Esto es en base al versículo que encontramos en Génesis 4.21 donde dice que era el «padre de todos los que tocan arpa y flauta». Sabemos que Dios es quien la inventó, pero este hombre fue el primero que se menciona como músico en la Biblia. Se lo menciona sólo una vez, y es todo lo que se habla de él. El único otro detalle acerca de Jubal es que tenía un hermano mayor llamado Jabal, quien fue el padre de «los que habitan en tiendas y crían ganados» (Génesis 4.20), o sea los pastores, que nos lleva a una interesante reflexión de que puede existir una relación cercana entre los que tocan instrumentos y los que pastorean ovejas. Creo que esta relación es algo que debe seguir hasta la fecha. Los que están en la música, y los que están en el pastorado, necesitan tener una relación más cercana, íntima y estrecha. Hablaremos más acerca de esto en uno de los siguientes capítulos.

Moisés fue un hombre al que casi nunca se le ve como un «director de alabanza». El solo hecho de mencionar su nombre como un personaje musical podría extrañarnos. Pero, al estudiar su vida y su liderazgo, sería imposible excluirlo como un personaje importante en la alabanza y adoración a Dios. Inclusive, Moisés tenía que haber sabido algo acerca de la música, ya que por lo menos en una ocasión enseñó un canto que Dios le dio para enseñar al Pueblo de Israel (Deuteronomio 31.19,22), y cualquiera que ha enseñado en alguna ocasión un canto sabe que entre más conocimiento tenga de las música, mejor va a poder enseñar el canto. Sobre todo, al leer el canto tan largo que Dios le da en el capítulo 32 de Deuteronomio, sería imposible creer que no sabía algo de música, ya que debe haber sido una tarea monumental el recopilar y preparar este cántico para luego enseñarlo a los demás. No debe parecernos extraño que Moisés conociera acerca de música porque fue criado en la casa del Faraón, bajo el cuidado de la hija de este. Una de las costumbres en las casas de los reyes, era enseñarles música a los hijos desde muy temprana edad, y no nos podemos imaginar que la casa del Faraón hubiera sido una excepción, por lo que creo que podemos llegar a la conclusión de que Moisés, si bien no sabía todo acerca de la música, tenía un buen conocimiento de ella.

Anteriormente utilicé la frase «director de alabanza» en referencia a Moisés. Permítame aclarar. Cuando Dios lo llama en Éxodo 3.12, le dice una de las cosas que hará el pueblo después de salir de Egipto: «Serviréis a Dios sobre este monte [Horeb, el monte de Dios v. 1]» En otras palabras, a Dios le interesaba que Moisés sacara de Egipto al pueblo de Israel para que pudiera tener la oportunidad de «servir» a Dios, o sea «adorarle, trabajar para Él, rendirle culto, etc.» (la palabra hebrea aquí es «abad»). De nuevo, en el capítulo cinco, en el momento en que Moisés y Aarón entraron a la presencia del Faraón, le dijeron: «Jehová el Dios de Israel dice así: Deja ir a mi pueblo a celebrarme fiesta en el desierto» (v. 1). El Señor quería tener comunión con su pueblo, y que este pudiera tener la libertad de adorarle sin estar preocupado por nada (su condición de esclavitud, la opresión, el dolor, el gemido, etc). Desde que formó al hombre, Dios ha querido tener comunión con sus hijos. Así que, en este sentido, Moisés era un «director de alabanza», porque una de sus tareas principales era «dirigir» al pueblo de Dios a un lugar específico (el Monte Horeb) para que pudieran tener un encuentro con Dios (hacerle fiesta, ofrecer sacrificios y servirle). Como sacerdotes y salmistas del nuevo pacto, esta es también una de nuestras tareas, dirigir a la gente al reconocimiento de la grandeza de nuestro precioso Señor Jesús, por medio de su Espíritu Santo, para que en ese lugar de reconocimiento pleno de su presencia, Él nos pueda hablar, cambiar, redargüir, y moldear de acuerdo a su plan y propósito eterno.

No podríamos terminar de hablar de Moisés sin mencionar el muy conocido «Cántico de Moisés», que se ve por primera vez en Éxodo 15, y que después se menciona como algo que se estará cantando en el cielo. Este es un hermoso himno que compuso Moisés junto con María, su hermana, después de que Dios les había librado milagrosamente de la mano del Faraón. Este canto es uno de los ejemplos más claros de lo que es el «cántico nuevo», tema que menciono en mi anterior libro *Adoremos*. Seguramente, si es algo que se estará cantando en gloria, ha de ser una hermosa canción, ¿no cree? Moisés: un gran líder, un gran hombre de Dios, un gran tipo de nuestro Señor Jesucristo, y un gran director de alabanza.

De David no debemos hablar mucho en esta sección, porque es quizá el músico más conocido de la Biblia. El hombre que, al estar pastoreando sus ovejas por allá en las pradera y en los campos, compuso muchos y muy bellos salmos al Señor; y que se expresó de una manera tan preciosa con su instrumento y su canto, que lo llevaron para tocar hasta la casa del rey. También al igual que Moisés, David era un gran líder y un gran hombre. De todos los hombres que se mencionan en la Biblia, David es el único que se lleva la distinción de haber sido de quien dijo el Señor que era un hombre «conforme a mi corazón», o sea que es un hombre que sabe lo que a Él le gusta. Creo que fue el corazón sencillo, humilde y puro de David lo que agradó tanto a Dios. También creo que sus canciones y alabanzas honestas, directas y sinceras que subían delante del Señor tocaban su corazón, y lo llenaban de gozo y alegría. «¡Un hombre conforme a mi corazón!», dijo Dios acerca de David. Usted y yo, daríamos cualquier cosa para que el Señor dijera eso de nosotros. ¡Ojalá hubiera más hombres y mujeres de quienes Dios pudiera decir estas mismas palabras! Espero que el Señor levante pronto más de estas personas, y esa es una de las razones por las que me atrevo a escribir este libro, con la esperanza de ver que Dios levante a más músicos «conforme a su corazón». Veamos algunas de las cosas que David instituyó en el ministerio de la música.

«LA ESTRUCTURA MUSICAL DAVÍDICA»

Al leer acerca de la estructura musical que puso en marcha David en el tiempo en que se propuso trasladar el arca del pacto a Jerusalén, uno se asombra al ver los detalles y la organización que tuvo para poner en marcha el ministerio de la música. Se podrían escribir volúmenes al respecto, pero sólo quiero hacer notar algunos de los aspectos más sobresalientes que permanecieron por muchos años después.

1) David empleó a un grupo grande de levitas para involucrarlos en el ministerio de la música. Había en los tiempos de David miles de personas que de alguna manera estaban dedicadas a la música. Un versículo dice que eran cuatro mil los que se dedicaban a la alabanza con instrumentos «...y cuatro mil para alabar a Jehová, dijo David, con los instrumentos que he hecho para tributar alabanzas» (1 Crónicas 23.5). No era cualquier «grupito» de personas, sino que era una multitud de alabadores y músicos. Creo que nosotros hoy en día deberíamos estar involucrando a más y más personas en el ministerio de la música, de igual forma debemos involucrar a muchas personas en los otros aspectos de la obra del ministerio. Si Dios ha dado talentos y habilidades a ciertas personas en el área de la música, deberíamos tener un compromiso de ver cómo ayudarlos a desarrollarse más en esas habilidades y talentos. Qué precioso sería llegar y ver a las congregaciones, orquestas y coros enteros, toda una multitud de personas involucradas en el ministerio de la música. Como ya lo dije, qué precioso también sería ver a muchas personas involucradas en otros ministerios, de igual importancia en el Cuerpo de Cristo. El caso es que nos tenemos que involucrar todos.

2) Otro aspecto interesante acerca de los músicos de David es que no tocaban o cantaban en sus «ratos libres» sino que A ESO SE DEDICABAN de tiempo completo: «*También había cantores, jefes de familias de los levitas, los cuales moraban en las cámaras del templo, EXENTOS DE OTROS SERVICIOS, PORQUE DE DÍA Y DE NOCHE ESTABAN EN AQUELLA OBRA*» (1 Crónicas 9.33; énfasis

mío). Esto es algo de lo cual hablaremos más en otro capítulo, aquí sólo haré mención de la importancia de ir pensando en la posibilidad muy real de tener en nuestras congregaciones personas dedicadas de tiempo completo al ministerio de la música. Por demasiado tiempo, en la iglesia hispana, el ministerio de la música se ha visto como algo para aquellos que saben un poco de música, y que tienen algún tiempo «libre». Pero quizás, Dios está queriendo desafiar esa mentalidad, y hacernos pensar en la posibilidad de establecer a ciertas personas que trabajen todo el tiempo en la música. Platicando con muchos líderes a través de América Latina, me comentaron la necesidad de músicos consagrados y dedicados al ministerio. Ya están en las congregaciones y creen que pronto veremos más y más músicos dedicados todo el tiempo a este ministerio, como vemos que existía en los tiempos de David.

3) Las palabras «designasen», «puso» y «apartaron» que se utilizan en varios pasajes del primer libro de Crónicas (15.16,17; 6.31; 16.4; 25.1) nos indican que eran personas separadas y «señaladas», en cierto sentido, para la obra de la música, y que esta era algo que se tomaba muy en serio tanto por los que «designaban» como por los «designados». No me imagino que estuvieron «apartando» y «designando» a personas sólo por algún capricho o deseo personal, sino porque tomaban tan en serio el papel de la música en el campamento, que hasta dedicaban personas exclusivamente para ello. Muy distinto a como se ve en muchos lugares hoy en día, donde el que quiera o pueda tocar o cantar lo hace. Es más, en muchas ocasiones lo hacen sin el conocimiento de la responsabilidad que hay en ministrar al Señor con nuestra música tocada o cantada. No debería estar cualquier persona tocando y cantando en nuestras reuniones, sino sólo personas que hayan sido «separadas», «designadas» y «apartadas» para

esta obra. Muchos de nosotros no hemos visto la importancia de meditar bien y consultar con el Señor sobre las personas que estamos poniendo en el ministerio de la alabanza. No era así en los tiempos de David, sino que cada persona era escogida, separada y dedicada a la obra que le encargaban, y tenía que darse exclusivamente a la tarea que le habían asignado; con disciplina, esmero y responsabilidad (tres palabras no muy populares entre los músicos modernos). No es razón suficiente el solo hecho de que alguien toque bien, para ponerlo en el ministerio de la música. Es importante que desarrolle el carácter de Cristo en todos los aspectos de su vida, antes de ejercer responsabilidades en este ministerio. No quiero decir que hay que esperar a que sea perfecto, porque si ese fuera el caso no habríamos NADIE en el ministerio: pero sí que sea una persona que muestre el fruto del Espíritu en su diario vivir, que esté comprometido con el Señor de tal manera que permita ser cambiado por la mano de Dios.

4) Otro detalle del ministerio de la música bajo el mando de David es que los levitas cantores se vestían de cierta manera. De esto hablaremos más a fondo en las páginas siguientes, pero vea conmigo este aspecto del orden que estableció David: «*Y David iba vestido de lino fino, y TAMBIÉN TODOS los levitas que llevaban el arca, y ASIMISMO LOS CANTORES...*» (1 Crónicas 15.27; énfasis mío). Se menciona de nuevo en 2 Crónicas 5.12 que los levitas estaban vestidos de lino fino. Nuestra apariencia es importante para los que nos encontramos en el ministerio. Debemos recordar que representamos al Gran Rey de reyes. Cada vez que tenemos el privilegio de tomar nuestro instrumento o de abrir nuestra boca para cantar, enaltecer y bendecir al Señor, la ocasión privilegiada amerita una atención especial a nuestra apariencia física. Por

desgracia, la mayoría de los músicos no somos conocidos como personas presentables en nuestra apariencia, y estoy seguro de que esto necesita cambiar. Debemos sobresalir por nuestra apariencia y presentación impecables. No estoy asumiendo el papel de decirle qué ponerse o qué no ponerse, eso no me corresponde a mí. A mí me corresponde la tarea de animarlo a que tenga excelente presentación, como lo tuvieron los músicos de la Biblia, y de que se esmere un poco más por representar bien a su Señor, no tan sólo en la manera en que se viste, sino también, y especialmente, en su manera de vivir: santa, piadosa, íntegra, separada y entregada al señorío de Cristo. Quizá usted no tiene «lino fino» como lo tuvieron estos músicos, pero planche, lave y tenga lo más presentable que pueda lo que usted tiene, porque el Señor se merece esto y más de nosotros, sus músicos de hoy. ¿Verdad que sí?

5) David encargó la música a personas que sabían lo que estaban haciendo. En otras palabras, no eran individuos de cualquier clase, sino personas preparadas en la música y entendidas en ella. Dice la Biblia, cuando se refiere a Quenanías, el principal de los músicos: «Y Quenanías, principal de los levitas en la música, fue puesto para dirigir el canto PORQUE ERA ENTENDIDO EN ELLO» (1 Crónicas 15.22; énfasis mío). Es importante poner a personas que son entendidas en lo que están haciendo, no tan sólo en la música, sino en todos los aspectos del ministerio. En otro pasaje de 1 Crónicas, dice que eran «instruidos en el canto para Jehová» (25.7). Aparentemente, no sólo recibieron instrucción de lo que es el canto y la música, sino también específicamente en lo que se refiere al «canto para Jehová». Esto nos lleva al entendimiento de que es necesario preparar e instruir a las personas que van a estar dirigiendo la música y el canto para el Señor en nuestras congregaciones. Deben ser personas «entendi-

das» en la música. Gracias a Dios, Él está levantando hombres y mujeres que se dedican a instruir a nuestros hijos en la música y en el canto, al igual que en muchos lugares se celebran eventos de capacitación en el área de la música. Deberíamos honrar a ciertos grupos y denominaciones, como nuestros hermanos los bautistas, los presbiterianos y los metodistas, que por años han hecho esta labor de preparar, impulsar y apoyar a los músicos de sus congregaciones. Por eso es que en muchas de sus congregaciones tienen músicos de muy alto nivel, preparados y doctos en la música. Deberíamos aprender mucho de ellos. Ahora, enseñar sólo por enseñar no tiene virtud alguna. Debemos enseñar y preparar a nuestros hijos y a nuestras hijas, pero con el enfoque correcto del por qué de nuestros dones y talentos musicales. No son para nuestra gloria, sino para la del Señor. Así que, enséñeles el «Do, Re, Mi» de la música, JUNTO con la instrucción de cómo utilizarla para la exaltación del que merece toda la gloria, la honra y la alabanza.

6) En este tiempo glorioso en el reino de David, después de que habían regresado el arca del pacto a su lugar correcto, había música, canto y alabanza las veinticuatro horas del día. Este es otro aspecto muy interesante sobre la estructura musical Davídica. En 1 Crónicas 9.33 dice: «También había cantores[...] de día y de noche estaban en aquella obra», y de nuevo vemos en 1 Crónicas 16.37: «Y dejó allí, delante del arca del pacto de Jehová, a Asaf y a sus hermanos, para que ministrasen DE CONTINUO delante del arca CADA COSA EN SU DÍA» (énfasis mío). Otra vez en el versículo 40 dice, «para que sacrificasen CONTINUAMENTE, a mañana y tarde, holocaustos a Jehová...» (énfasis mío). Unos versículos interesantes que se encuentran en los Salmos hacen referencia a estas jornadas, al ordenar a los que estaban en el turno de la noche

que bendijeran al Señor: «*Mirad, bendecid a Jehová, vosotros todos los siervos de Jehová, los que en la casa de Jehová estáis por las noches.*» (Salmos 134.1 énfasis mío). ¡Qué increíble lugar ha de haber sido el tabernáculo de David! Poder ir a cualquier hora del día o de la noche, escuchar las alabanzas al Señor y ver a los sacerdotes ministrándole a Él. ¡Qué tiempo más maravilloso han de haber vivido! Pues, nosotros también lo deberíamos estar viviendo, ya que nuestra alabanza debería estar subiendo continuamente delante del Señor, cada día, cada hora y cada momento. No vaya usted a cometer el error que cometió un hermano al acusarme que al decir que nuestra alabanza debe subir continuamente me refería a cierta «forma, expresión o liturgia de alabanza», sino que me refiero a la **actitud** de nuestro corazón, a nuestro estilo de vida y a nuestra entrega total a darle gloria a Dios en todo momento y en todo lo que hacemos. Creo que esto es lo que podemos aprender de este aspecto de la estructura davídica en la música, que se había instituido desde los tiempos de Moisés, ya que el altar del incienso y el candelero tenían que estar ardiendo continuamente delante del Señor: había música y alabanza que subía todo el tiempo delante del Señor. En nuestros corazones debería haberlas, también.

7) En este punto vamos a ver el orden, en el sentido de organización y administración, que existía en la estructura musical de David. Se tomaron el tiempo para ver los detalles y no se les escapó ni uno. Desde lo que vestían, hasta sus posiciones en el acomodo físico de los músicos en el tabernáculo de reunión. En 1 Crónicas 6 vemos que pusieron en lugares clave a los principales, y hasta les dijeron del lado de quién tenían que estar parados (versículos 33, 39 y 44). No les dijeron que se pararan donde quisieran, sino que había orden, organización y estructura. Necesitamos aprender de esto. En el capítulo 15, cuan-

do ya estaban trayendo el arca a Jerusalén, también había un orden, quiénes iban primero, quiénes seguían, etc. Dice el versículo 24 que quienes tocaban trompetas iban «delante del arca de Dios». Luego, en 16.4-6 vemos que Asaf era el «primero» delante del arca, y él «sonaba los címbalos» (sección de percusiones en la orquesta). Después de él estuvieron en segundo lugar Zacarías, y un grupo de otros hermanos con él, quiénes tocaban «sus instrumentos de salterios y arpas» (sección de cuerdas), y después de ellos, los sacerdotes Benaía y Jahaziel quienes «sonaban continuamente las trompetas delante del arca del pacto de Dios» (sección de metales). En otras palabras, lo que tocaban, quiénes tocaban, y qué posiciones deberían tomar, TODO estaba perfectamente calculado y preparado. No dejaban las cosas al azar, sino que todo tenía orden y organización. ¡Ojalá los músicos de esta nueva generación fueran personas igualmente ordenadas y organizadas! Falta nos hace en la iglesia.

8) El orden y la administración no se pueden llevar adelante a menos que haya personas encargadas, líderes responsables de lo que se tiene que hacer. Es interesante notar que en la estructura que estamos estudiando, David señaló a ciertas personas como las responsables en ciertas áreas, y esperó que todos los levitas se sometieran a estos líderes que él había designado. En el capítulo 15 versículo 16 les encarga a «los principales de los levitas que designasen». Por lo que podemos ver, David era un hombre que sabía delegar autoridad. No era un líder que quería estar inmiscuido en todos los detalles, sino que entendía la importancia de la cadena de autoridad. Casi todos los hombres que entienden su real posición en Cristo, entienden sin ningún problema la cadena de autoridad. Los hombres que han entendido que no hay autoridad sin estar bajo autoridad son aquellos que con facilidad, tran-

quilidad y confianza pueden delegar autoridad a otros, y estar seguros de que harán bien el trabajo delegado. David no era un hombre con complejos de superioridad ni era autoritario o dictador, sino que entendía muy bien su papel como líder, y descansaba confiado en la autoridad que Dios le había dado, porque él estaba bajo la autoridad de Dios y de sus sacerdotes y profetas (Samuel y Natán, por ejemplo). Cuando usted y yo tenemos un entendimiento claro de lo que es la autoridad, no tendremos ningún problema en aceptarla, someternos a ella ni seguirla. La razón por la que entra la rebelión en el corazón del hombre es por una falta de entendimiento sobre la autoridad que Dios ha delegado a personas en nuestras vidas. Cuando podamos aceptar su autoridad y someternos a ella, descansaremos tranquilos y funcionaremos correctamente dentro del Cuerpo. Por el otro lado, los que tienen autoridad en alguna área, no deben abusar de ella, como lo han hecho tantos, sino que con temor y temblor, administrar la autoridad que Dios nos ha dado para el beneficio de su Cuerpo y de su Reino.

Quenanías era «principal de los levitas en la música» (15.22). Ha de haber sido el famoso «músico principal». Se mencionan muchos otros nombres, algunos de los que ya hemos visto, como Asaf, Jedutún, Zacarías y otros que también tenían puestos de autoridad delegados por los principales de los levitas. Todos los demás músicos, la mayoría quienes ni tuvieron la dicha de que sus nombres fueran escritos en la Biblia, funcionaban diariamente en la obra que les tocaba, sin ningún problema, porque estaban bajo autoridad. El Capítulo 25.6 dice: «*Y todos éstos estaban BAJO la DIRECCIÓN de su padre en la música, en la casa de Jehová, con címbalos, salterios y arpas, para el ministerio del templo de Dios. Asaf, Jedutún y Hemán ESTABAN POR DISPOSICIÓN DEL REY*» (énfasis mío). Tenemos mucho que aprender de estar bajo autoridad, los que estamos en el ministerio de la música. Es triste tener que reconocer que muchos músicos han sido causa de división en su iglesia, levantándose en contra de sus pastores, en lugar de apoyarlos y orar por ellos, animándolos en la obra del Señor. Espero que venga el día en que haya muchos más salmistas de esta «nueva generación» que lleven sus vidas bajo la autoridad que Dios ha puesto en ellos, y que desde ese lugar funcionen con fuerza y autoridad.

Músico, recuerde este pensamiento trastornador: El primer rebelde de todos los tiempos fue un músico. Se llamaba «Lucifer». Espero que no le siga el ejemplo.

9)«*Así trajeron el arca de Dios, y la pusieron en medio de la tienda que David había levantado para ella; y ofrecieron holocaustos y sacrificios de paz delante de Dios*» (1 Crónicas 16.1). En este tiempo, después de que habían regresado el arca a su debido lugar, David hizo algo que nadie antes había hecho, ni nadie después haría: puso el arca en una tienda que era accesible a todo el pueblo. ¿Se acuerda que Dios le había dicho a Moisés que el arca tenía que estar detrás del velo en el Lugar Santísimo? Pues, David no hizo eso y a Dios le pareció bien, porque no dijo nada al respecto de cambiar lo que había hecho. ¡Qué interesante! Casi todos los comentaristas de la Biblia están de acuerdo en que esto fue algo especial que disfrutó el pueblo de Dios en el tiempo específico que estaban viviendo. Una «dispensación» especial, o sea un espacio de tiempo en que Dios estaba permitiendo un acceso más abierto a todo Su pueblo, EN SEÑAL de lo que habría de venir: la sangre del Cordero sería derramada, el velo del templo se rasgaría, y algún día, todo pueblo, lengua y nación tendría acceso directo al Padre por medio de la sangre de Jesucristo. Al estar el arca en este lugar, bajo esta tienda, accesible a todo el pueblo, Dios estaba mostrando a todas las generaciones lo que habría de venir por medio de la obra que su hijo Jesús haría en la cruz del Calvario para todos nosotros. Qué hermoso ¿no se le hace? De nuevo, veo aquí un enfoque precioso de que todo lo que hacemos, todo lo que tocamos (con nuestros instrumentos) todos nuestros cánticos deben ser alrededor de la presencia del Señor. Es importante para nosotros, recordar que cuando tocamos, no importa donde lo hagamos estamos tocando delante del trono del Señor, para agradarlo a Él, y para ofrecerle sacrificio de alabanza a Él, y a nadie más. Toda nuestra actividad debe girar alrededor de su presencia, como veremos más adelante en el capítulo 5.

Al estudiar la estructura musical davídica, me he sentido desafiado y animado. Hay muchas cosas que veo que están sucediendo el día de hoy que nos permitirán mejorar nuestra estructura musical contemporánea. Espero que haya sido de edificación para su vida el haber visto lo que hizo nuestro gran hermano David muchos años atrás. Espero que lo inspire a ser un músico excelente y dedicado a la obra que Dios le ha encargado.

«ELEVAR EL CONOCIMIENTO DEL MINISTERIO DE LA MÚSICA»

Dije en la introducción a este capítulo que ha llegado el momento de que elevemos nuestro conocimiento acerca del papel tan importante que la música desarrolla en nuestras congregaciones. Al decir esto, en ninguna manera desprecio ni minimizo lo que Dios hizo en tiempos atrás a través de nuestros padres en la fe, sólo creo que, como hay tiempos en que Dios resalta ciertas áreas de la vida en el Reino, Él está haciendo énfasis hoy, que el tiempo de la canción ha venido al pueblo hispano a través de todo el mundo (Cantares 2.10-12). Y, no sólo a los hispanos, sino a todas las naciones de la tierra. Sólo tenemos que escuchar algunas de las cosas que Dios está haciendo en otras partes del mundo, para saber que el pueblo de Dios está haciendo dos cosas como nunca las había hecho antes: 1) alabar y adorar y 2) orar e interceder. Le damos gracias a Dios por este fuerte mover de su Espíritu en toda la tierra. ¡Qué privilegio que nos dé la oportunidad de ser parte de ello!

Al leer la Biblia sería imposible pasar por alto la música y no reconocer el lugar tan importante que tiene. Es tiempo de que en nuestras congregaciones le demos al ministerio de la música la misma importancia que la Biblia le da. Una manera de hacerlo es que los pastores involucren en la enseñanza, tanto a los músicos como a la congregación en general, mostrando la importancia de la música, del canto y de la alabanza en la congregación. Por mucho tiempo muchos pastores no creían que era su papel involucrarse en el asunto de la música, porque lo habían visto como la actividad «preliminar» de la reunión. Pero hoy en día, Dios está hablando a través de hombres respetables como el Pastor Jack Hayford y otros, para decirnos que no es solamente el lugar de los músicos el tratar sobre la música, sino que debe ser una prioridad del pastor en su congregación enseñar al pueblo y a sus músicos, el camino que se debe tomar para llegar a tener una estructura musical más bíblica. SECUNDARIO al rol del pastor en la enseñanza en su congregación están los ahora populares congresos y seminarios de adoración y alabanza. Estos deben servir solamente como complemento y apoyo a lo que los pastores y líderes ya están enseñando en sus congregaciones, y en ningún momento deberían tomar el lugar de la palabra de autoridad que Dios le ha dado al pastor de la congregación. Por eso, pastor, sería bueno que usted fuera personalmente a los congresos para escuchar qué se está predicando ahí. En lo que a mí respecta, en los congresos que organizo, y en los que tengo la bendición de participar, NUNCA he querido que estos tomen el lugar que le corresponde al liderazgo de la

Iglesia, sino que, al contrario, sean una bendición y un apoyo al mismo. Este es nuestro deseo en el Señor.

Termino este capítulo diciéndole que la música es un ministerio y un servicio al Cuerpo de Cristo. Empecemos a verlo con esa importancia tanto los que somos músicos, como los que somos líderes en la Iglesia, para que Dios pueda utilizar estos preciosos dones que ha dado a su Cuerpo para ser de bendición. También, concluiría diciéndole que pase más tiempo elevando su nivel de conocimiento al respecto, dedicando más tiempo en la Palabra de Dios y aplicándola a su vida diaria. Dios está buscando adoradores (Juan 4.23), y los músicos, como cualquier otra persona dispuesta, podemos tener un papel importante en esa búsqueda, si permitimos que el Señor nos use. ¡DÉJESE USAR!

4

CARACTERÍSTICAS DE UN SALMISTA

CUANDO UNA PERSONA tiene la dicha de poder viajar a diferentes partes del mundo, conociendo otras culturas y etnias, se da cuenta de que hay ciertas características que identifican a las personas a través del mundo. Pueden ser rasgos físicos, costumbres, o formas de pensar y hablar. Por ejemplo, casi todos los asiáticos tienen los rasgos en su rostro que los caracteriza y los separa de todas las demás etnias. Los occidentales, igualmente, tenemos rasgos que son diferentes a los asiáticos, a los africanos, etc... Hablando de la forma de hablar, con sólo viajar por América Latina uno conoce diferentes maneras de expresión que caracterizan a ciertos pueblos. Nos hemos metido en muchos problemas al expresar algo que para nosotros es muy correcto, pero que en el país que visitamos es una mala palabra, y en algunos casos hasta obscena. Me podría pasar mucho tiempo relatándole sobre las experiencias que he tenido al predicar en diferentes países, utilizando palabras que en México tienen un significado, pero que en el país donde estoy tienen otro. Cada país tiene sus características y cada persona tiene peculiaridades que lo separan de las demás. Se ha dicho en muchas ocasiones que la manera para distinguir a un hombre es en su forma de caminar y de hablar. Ningún individuo en esta tierra hace exactamente lo mismo que los demás. Dios, en su gusto por la variedad, nos hizo a cada uno diferente, dentro de ciertas características generales que nos ha dado a todos.

Hay algunas aspectos que parece que siempre han caracterizado a muchos músicos. Por desgracia, en su mayoría, han sido negativos. A través de este libro y de los congresos que se organizan en todos lados, varios hombres de Dios y yo, estamos proponiendo que esto debe cambiar. Es tiempo de que Dios levante una nueva generación de músicos que tengan otras características diferentes de las negativas por las que siempre se nos ha conocido. Deben existir en nuestra vida ciertas actitudes y hábitos que practicamos con toda naturalidad, porque los hemos puesto como norma y regla. Simplemente, son parte de nuestro diario vivir, y deben ser aquellas cosas que nos caracterizan.

Recuerdo una vez al escuchar a uno de mis amigos que predicaba en un congreso de jóvenes, y dijo algo que sorprendió a todos los presentes. Mi amigo se llama Xavier Gómez Rubio, y siempre hace y dice cosas que sorprende al público que lo escucha, así que por ese lado me lo esperaba, pero lo que dijo retumbó fuertemente en mi espíritu, y no se me ha ido hasta la fecha. Dijo lo siguiente: «Si siempre estás preocupado por qué clase de testimonio vas a dar a la gente, es porque andas mal. Si siempre tienes que recordarte que eres cristiano, y que no puedes o no debes hacer esto o aquello, entonces no has establecido ciertas bases bíblicas en tu vida, y por eso te "preocupas" por tu testimonio». Al oír estas palabras pude sentir la tensión que es normal sentir en un auditorio cuando alguien dice algo fuera de lo que estamos acostumbrados a escuchar. Los líderes y pastores que estaban presentes se «miraban» el uno al otro para medir su respuesta a lo dicho, los oyentes se acomodaban en sus asientos, para disimular la incomodidad interior que estaban sintiendo. La incomodidad llegó porque a todos nosotros se nos ha enseñado una y otra vez sobre la necesidad de «guardar nuestro testimonio», y en realidad creo que muchos de esos mensajes se enfocan de la misma manera que lo enfocaba en esta ocasión mi amigo predicador, sólo que dicho de otra manera. Es cierto que debemos estar sanamente preocupados porque el nombre de Jesús no sufra reproche por causa nuestra, y me atrevo a creer que esa es la razón principal que muchos hemos predicado sobre «guardar el testimonio». Pero a medida que Xavier explicaba lo que había dicho, nuestro espíritu empezó a encontrar una respuesta. Seguía hablando, «Tu testimonio debería ser tu vida normal, en el sentido de que simplemente ese "testimonio" es como vives todos los días. No tienes que estar preocupado por qué clase de testimonio darás, si siempre estás viviendo en rectitud delante del Señor. Al establecer ciertas bases sólidas en tu vida, de acuerdo a La Palabra del Señor, tu vida «normal» será una vida espiritual, y ese es tu «testimonio» delante de la gente». ¡Cuán ciertas son sus palabras! Por ejemplo, el que nunca se mete a uno de esos lugares donde venden pornografía, nunca tendrá que preocuparse de mirar por todo lado para ver quien lo está observando, ya que posiblemente está dando un mal «testimonio». ¡NO! Si ha establecido en su vida que el ir a esos sitios es una cosa totalmente fuera de lo que haría, esa persona nunca tendrá que preocuparse por dar un mal testimonio de esa naturaleza. Igualmente, si esa persona estableció que nunca practicaría la ira, por ejemplo, o cualquiera de los frutos de la carne, nunca se tiene que preocupar con dar un «mal testimonio» al perder el control de sí mismo. Sencillamente, debemos establecer en nuestras vidas las sólidas bases para que seamos un «libro abierto» y leído por todos, sin preocuparnos por qué clase de «testimonio» estamos dando. Hay un dicho que lo resume de esta manera: «El que nada debe, nada teme».

¿Por qué pasé tanto tiempo con este tema de nuestro testimonio? Porque creo que esta es la base para lo que vamos a tratar en este capítulo. Tenemos que establecer en nuestras vidas lo que queremos que nos caracterice. Al estudiar este capítulo, y el pasaje bíblico que a continuación voy a presentar, pidámosle al Señor que estas características se vean en nuestras vidas. Que las personas que nos rodean puedan ver en nosotros todo lo que vieron en un gran salmista de otro tiempo: David.

La historia se encuentra en 1 Samuel 16. El rey Saúl tenía un grave problema con un espíritu malo que Dios permitió (lo más probable es porque Dios quería que Saúl se arrepintiera de los malos caminos que estaba empezando a tomar, y por eso permitió que le sucediera eso, pero ese es otro estudio), y no podía tener descanso. Uno de sus criados le sugirió que trajeran un músico para tocarle, y así podría dormir y descansar de este mal espíritu. En 16.17 vemos la orden que da el rey Saúl: «Buscadme, pues, ahora alguno que toque bien, y traédmelo». Me sorprenden sus palabras porque se parecen a las de tantos líderes de hoy día: «Que venga alguien que toque bien». No se ponen a preguntar sobre el carácter de esa persona, sobre sus cualificaciones espirituales, su trayectoria en el ministerio, quiénes son sus pastores, ni ninguna otra información de esa naturaleza. Con tal de que «toquen bien», es suficiente. Con todo el amor y respeto, líderes y pastores, en eso hemos fallado; ya que han abundado en medio nuestro una cantidad de músicos, ministros, cantantes y demás, que no reúnen las características de un verdadero ministro del Señor. A muchos se nos ha olvidado que quien ocupe esa plataforma que entregamos debería ser una persona que reúna las mismas cualidades que esperaríamos de cualquier predicador que invitáramos a tomar el mismo lugar. Pero por desgracia, muchas veces este no es el caso al invitar a un músico o cantante, precisamente porque «toca bien», y sabemos que lo más probable es que nos va a «deleitar» unos momentos con su gran habilidad de «tocar bien». Es todo lo que pedía Saúl. A él no le interesaba nada de lo demás, con tal de que esa persona pudiera tocar bien. Lo que Saúl nunca se imaginaba era toparse con la persona que le trajeron. ¡Vaya que le trajeron un músico! Pero a su vez le trajeron a un verdadero hombre de Dios, alguien de quien la gente decía lo siguiente:

> *He aquí yo he visto a un hijo de Isaí de Belén, que sabe tocar, y es valiente y vigoroso y hombre de guerra, prudente en sus palabras, y hermoso, y Jehová está con él (1 Samuel 16.18).*

Hablando de testimonios, ¡qué «testimoniazo»! ¿Se puede imaginar que la gente estuviera comentando eso acerca de usted o de mí? No creo que David anduviere todos los días preocupado por su testimonio, asegurándose de que todo el pueblo hablara bien acerca de él, sino que simplemente por haber conocido de cerca al Señor estas características fluían de su vida, y la gente notaba que era un hombre distinto a los demás. «¡Sorpresa, Saúl! Te trajeron a alguien mucho más completo de lo que tú pediste». Más bien, la clase de persona que describe el criado en este versículo es precisamente la clase de músico que creo que Dios quiere levantar el día de hoy. Vamos a ver cada una de las cosas que habló esta persona que describe a David.

«SABE TOCAR»

Una de las cosas por las que más le doy gracias a Dios en todo este reciente despertar en la alabanza y música cristiana, es el interés que existe por parte de los jóvenes y las señoritas de ahora en presentarle algo de calidad y de excelencia al Señor. Por mucho tiempo ha reinado en muchas de nuestras congregaciones una mentalidad mediocre, en cuanto a la música se refiere, basado en el pensamiento de que: Como es «para la honra y la gloria del Señor», entonces podemos rendir algo no bien preparado o bien ejecutado, porque a fin de cuentas lo que a Dios más le interesa es ver el corazón de la persona que está tocando o cantando. El hecho de que es cierto que Dios mira el corazón (y ciertamente le interesa más ese aspecto de nuestra ofrenda musical), no le resta importancia a que lo que le traemos al Señor debe ser una ofrenda excelente en todos los sentidos, incluyendo el de presentación y ejecución excelente. No debemos usar el hecho de que es para la honra y gloria del Señor, como una excusa de no hacer bien las cosas. Creo que fue Chuy Olivares a quien oí decir por primera vez lo siguiente: «PRECISAMENTE porque es para la honra y la gloria del Señor, debemos hacerlo con toda excelencia».

¿Cuántas veces hemos estado en una reunión donde se para alguno de nuestros preciosos hermanos, y declara: «Hermanos, no sé cantar, pero como este canto es para el Señor, pues lo voy a cantar para su honra y gloria». Otras veces nos han dicho: «No escuchen mi voz, sólo escuchen la letra de este canto y permitan que les ministre». Varias veces al oír esto pensé: «Bueno, si el hermano no tiene voz para cantar, pero quiere que la letra nos ministre, ¿por qué no pasa la letra a máquina de escribir, saca algunas fotocopias, nos reparte la letra y la leemos, sin tener que ser molestados con su voz?» Pero no sé por qué nunca vi que alguien hiciera esto. Siempre teníamos que permanecer pacientemente sentados mientras la hermana o el hermano terminaba su «alabanza».

Esto lo digo no con el afán de ofender ni de hacer doler a nadie, sino con el sincero deseo de que hagamos una pausa, y nos preguntemos el porqué de muchas de las cosas que hacemos en nuestras iglesias. Estoy convencido, de que las personas que hacían lo que describo anteriormente, lo hacían de todo corazón y con muchísima sinceridad y sencillez de espíritu. De ninguna manera quisiera restarle importancia al hecho de que su ofrenda de música y/o canto fue recibida en los cielos, sin lugar a dudas. Sólo que necesitamos crear conciencia que la Palabra enseña que lo que traigamos al Señor debe ser algo excelente en todos los aspectos, como ya lo hemos mencionado.

En el Salmos 33.3 vemos un interesante pasaje que apoya lo que estamos diciendo, de que nuestra música y nuestro canto deben rendirse con excelencia. Dice el Salmo:

> *Cantadle cántico nuevo; hacedlo bien, tañendo con júbilo.*

Las dos palabras que saltan a la vista en esta lectura son «hacedlo bien». El Señor nos ordena que cuando cantemos y toquemos («tañed» significa «tocar»), lo tenemos que hacer bien. En el hebreo se emplea la palabra *yatab*, en este pasaje, y significa «hacer bien algo; hacer algo hermoso, agradable, y bien hecho; hacer algo de una manera completa, detallada y minuciosa». Por desgracia, esto no es característico de mucho de lo que oímos en nuestras congregaciones. Al contrario, muchas personas, después de convertirse a Cristo y de llegar a las reuniones, al paso del tiempo comentan de lo realmente desagradable que es la música en muchos lugares. Se nota que hay una actitud muy descansada con respecto a ensayar, preparar y organizar su música. Reina más una actitud de espontaneidad y desorden, en algunos casos, que el de orden, preparación y buena ejecución. Muchos han creído que si alguna música se ensaya y se prepara mucho, no va a dar lugar a que se mueva el Espíritu Santo. Pero, podemos ver que en la Biblia no fue así. Hubo mucho orden y muchísima preparación en el área musical, de lo cual hablaremos más en otro capítulo, y en medio de ese orden, el Señor se movía de una manera extraordinaria. El ensayo y la preparación sólo nos ayudan a estar listos y prestos para fluir con lo que el Espíritu quiere hacer. Muchas veces hemos visto cómo el Espíritu Santo es «apagado» (1 Tesalonicenses 5.19), precisamente por la falta de preparación del grupo de alabanza, o por una alabanza mal tocada, mal ejecutada, fomentando de esta manera la confusión y el caos en el momento de ser intrerpretada. Todo sólo porque los músicos y los cantores no se tomaron el tiempo necesario para prepararse, porque al fin de cuentas era «para la honra y la gloria del Señor».

¡Dios no premia la mediocridad! Pero sí premia la fidelidad, la responsabilidad y la diligencia. Si usted quiere ser usado por Dios, entonces debe ser una persona responsable, diligente y fiel con el don que Dios le ha dado. No permita que reine en usted esa mentalidad equivocada de lo que llamo el «pa'lhonrismo», o sea el que no hay que hacerlo bien porque es «pa'l'honra y gloria». Deshagamos esa mentalidad en el Cuerpo de Cristo, y pongamos en su lugar la otra mentalidad que dice: «PRECISAMENTE porque es para su honra y gloria, lo voy a hacer con todo mi corazón y de la mejor manera posible».

Desde hace muchos años he tenido la visión, el sueño de que algún día los músicos del mundo van a estar observando a los músicos de Dios, para saber cómo es que tocan tan bien, en lugar de que estén las cosas como ahora están: los músicos cristianos observando a los músicos seculares para ver qué aprenden. Debe ser al revés. Esto lo podemos cambiar usted y yo, si le pedimos al Señor que nos dé un espíritu de perseverancia, diligencia y disciplina para dedicarnos a aprender a «tocar bien». Es por este sueño que en septiembre de 1994 iniciamos la primera de las escuelas de música que sentimos que el Señor quiere que empecemos. Esperamos que dentro de poco tiempo podamos ver muchas de estas escuelas a través de todo el mundo de habla hispana produciendo salmistas que primeramente ministren al Señor y a su Pueblo, pero que «toquen bien» al hacerlo.

«ES VALIENTE»

El diccionario describe la palabra «valiente» de la siguiente manera: «Valeroso, que está dispuesto a arrostrar los peligros, esforzado». Ahora, esto no se debe confundir con otra palabra que también se encuentra en el diccionario, que es, «valentón» y que significa «Bravucón, que se las da de valiente». Son dos cosas muy distintas. Creo que otra buena palabra para entender «valentón» es la palabra «macho». Muchos nos creemos muy valientes, muy machos, es un mal que persigue sobre todo a muchos hombres latinoamericanos. Hay una región en México donde supuestamente están todos los verdaderos «hombres»: ¡Jalisco! Cuántas canciones se han escrito con las palabras «No te rajes, Jalisco» (que traducido quiere decir, «no huyas, no te hagas para atrás»). Esta es la idea típica de lo que es la valentía, de acuerdo al folclore latino. ¿Será cierto? Frases como «Los hombres no lloran», o «los hombres no son dejados» (que no se dejan insultar, no se aguantan a cualquier cosa humillante, sino que lo manifiestan con golpes), han servido para inculcar en los jóvenes de hoy una idea totalmente equivocada sobre lo que es la valentía, de acuerdo a la Biblia. Por eso es que muchos hombres, después de conocer acerca de Cristo, aún batallan con entender el verdadero significado de esta palabra, «valiente». ¿Qué significará ser valiente?

«Valeroso, que está dispuesto a arrostrar los peligros, esforzado», es una descripción mucho más apegada a la Biblia. Me interesa saber la palabra que utiliza el texto hebreo original; «gibbowr», que significa, fuerte, poderoso, un hombre fuerte, valiente y poderoso. ¡Qué paquete tan grande es entonces esta palabra «valiente»! No sé si usted ya se enteró de que en sus propias fuerzas es imposible tener esta clase de valentía, y si ya tuvo este entendimiento, lo felicito, porque la única manera de obtener esta valentía es por medio de nuestro Señor. Imposible actuar en nuestras propias fuerzas para arrostrar todos los peligros, porque si de nosotros dependiera, nunca quisiéramos ver el peligro, nos alejaríamos todo lo posible de él. Que un individuo como usted o como yo tenga la fuerza «como de un ejército» es algo que sólo Dios puede hacer, como lo hizo en varias ocasiones con Sansón (Jueces 13 al 17). Es indispensable reconocer, como seguramente lo hizo David, que la única fuerza que tenemos viene de una fuente divina.

Estoy convencido de que David no era un «busca-leones», o un «busca-osos», sino que como estaba lleno del Espíritu del Señor, por haber pasado tanto tiempo con Dios, sabía que cuando se aproximaba el peligro, lo podía enfrentar en el poder de la fuerza que el Señor le daba. No había que temer, porque tenía al Dios del universo de su lado. El temor no podía permanecer en David, por saber que mayor es el que estaba en Él que cualquier otra cosa. La única manera en que David pudo haber llegado a esta realización es pasando tiempo con su Señor, conociendo su corazón, sus caminos. A fin de cuentas David le pedía al Señor que le mostrara sus sendas, y que lo encaminara en sus caminos (Salmos 25.4-5). Todos hemos leído o escuchado la historia de David y Goliat. Es preciso observar que David no estaba en busca de algún gigante que matar, sino que cuando menos lo pensó, estaba frente a este «pelagartón» que medía alrededor de tres metros de estatura. David no llegó al campamento fajándose los pantalones, con su sombrero y sus botas puestos, caballo y pistolas a su lado, gritando «¿Dónde están esos gigantes de que me han platicado? Llévenme a ellos que les voy a dar su merecido». ¡No! Inocentemente, David llega al

campamento de Israel para llevarle unos GRANOS TOS-
TADOS Y PANES a sus hermanos mayores, quienes por
cierto no lo querían mucho, y les trastorna la idea de que
su hermanito MENOR los venga a molestar. Llega directo
del campo, donde había estado con sus ovejitas, muy
probablemente aún olía a oveja, y se topa con la realidad
de que un enemigo del Señor está desafiando a los escua-
drones de Jehová de los ejércitos... y se indigna por lo que
ve. «¿Cómo es posible que ofendan a mi Dios de esta
manera?» se ha de haber preguntado. Sigue diciendo
«¿Quién es este filisteo incircunciso que nos desafía?» Su
preocupación, más que nada, era que «toda la tierra [su-
piera que hay Dios en Israel» (1 Samuel 17.46). No estaba
tratando de añadir otra historia interesante a su currícu-
lum vitae, ni queriendo quedar bien con nadie más que
con su Señor, al que en esta ocasión, están ridiculizando.
Conocía a su Dios lo suficientemente bien para saber que
el Señor era el que iba a hacer todo el trabajo: «Jehová te
entregará en mis manos...» 1 Samuel 17.46, y que en sus
propias fuerzas... ¡Ni loco saldría a enfrentarse a Goliat!

Exactamente ahí es donde se encuentra la verdadera
valentía; en confiar en el Señor y conocerlo, de tal manera
que CUANDO se presente un león, podemos salir confiados en que Él estará con nosotros, y nos dará la victoria.
De la misma manera, cuando se nos presente un oso o aun
un Goliat. La verdadera fuerza, el verdadero poder, viene
de Aquel que dio su todo por nosotros para que nosotros
pudiéramos dar nuestro todo para Él. Él es quien nos ciñe
de poder, y nos hace caminar por caminos perfectos (Salmo 18.32). Nunca confundamos el machismo con la verdadera valentía, que sólo puede venir de parte de nuestro
Dios Todopoderoso. Considera este consejo que le dieron
a otro joven valiente:

*Solamente esfuérzate y sé muy valiente, para cuidar de
hacer conforme a toda la ley que mi siervo Moisés te*

mandó; no te apartes de ella ni a diestra ni a siniestra, para que seas prosperado en todas las cosas que emprendas... Mira que te mando que te esfuerces y seas valiente; no temas ni desmayes, porque Jehová tu Dios estará contigo en dondequiera que vayas (Josué 1.7,9).

Siento que es importante enfatizar un poco en esta área porque muchos músicos no han sido conocidos como valientes, dispuestos a enfrentar peligros para hacer algo, sino que muchas veces ha sido todo lo contrario. Desafortunadamente, en la mayoría de los casos en que hay algo qué hacer, los músicos brillan por su ausencia, y esto es algo que debemos ir cambiando los de esta nueva generación que Dios está levantando. Permítame aclarar también que al referirme a una «nueva generación» no me refiero a personas de cierta edad, sino a gente que tiene una nueva manera de pensar respecto al ministerio de la música. Pueden tener todos los años del mundo y ser parte de la nueva generación, ya que tiene que ver más con la forma de pensar, vivir y conducirse en el ministerio, que con la edad cronológica A esto me refiero cuando hablo de la «nueva generación» que Dios está levantando. Músicos, seamos valientes en el poder de Su fuerza.

«ES VIGOROSO»

Esta palabra, vigoroso, es una de mis favoritas, porque habla de una manera de ser que siempre he buscado para mi propia vida, y para las de aquellas personas que me rodean. Habla de entusiasmo, entrega, arrojo y dinamismo, entre algunas otras cosas. Consultando nuevamente el diccionario; «vigor: fuerza física, vitalidad... energía». También, el texto original hebreo: «chayil», que significa cinco cosas principalmente: 1) fuerza, 2) poder, 3) eficiencia, 4) riquezas y 5) fuerza como de un ejército. ¡Caramba! ¡Que palabrón! Imagínese tener todas esas cualidades en su vida, de tal manera que son reconocidas por las personas que lo rodean. ¡Qué testimonio! ¡Qué manera de vivir!

Hay ciertos aspectos de esta palabra que se asemejan a la anterior que ya hemos visto, «valiente». Por ejemplo, fuerza, y poder. Sin embargo, «vigoroso» tiene otros aspectos muy interesantes. ¿Se enteró de la palabra «eficiencia» dentro de la descripción? ¿O, qué tal esa palabrita «riquezas», o «fuerza como la de un ejército»? Algunos músicos no tienen la fuerza suficiente para salirse de la cama en las mañanas, ¡mucho menos la de un ejército! «ENERGÍA», nos dijo el Diccionario Larousse de la lengua española, «VITALIDAD». Ojalá pudiéramos decir los músicos contemporáneos que estas son palabras que nos distinguen, que nos caracterizan, pero por desgracia no podemos. Parece ser que reina en nuestras vidas exactamente lo opuesto a lo que vemos aquí. Una gran cantidad de músicos ni se levantan de sus camas hasta el mediodía, y eso lo hacen con gran esfuerzo (gastan todas sus «energías» del día sólo en levantarse). Lo más probable es que la razón principal por la que finalmente se levantan es porque tienen hambre, y ya no aguantan un minuto más en la cama sin tener algo de comer. Cuando al fin se levantan, muchos de ellos ni conocen lo que es una ducha, agua, jabón, pasta y cepillo de dientes, y todos esos inventos modernos del siglo veinte. «¿Peines, cepillos, rastrillo, que serán esas cosas?» preguntan. Salen de sus recámaras como quien saliera de una cueva prehistórica, con el aliento de dragón, echando fuego por todos lados (fulminando a todos los que se encuentran en un radio de cinco metros a la redonda), los cabellos parados apuntando a los cuatro vientos, una capa amarilla en los dientes por falta de cepillarlos desde que eran niños, cuando sus mamás les hacían el favor. Bueno, en fin, una escena verdaderamente desconcertante. ¡Ah!, casi se me olvida, jamás vaya a mencionar la palabra prohibida con uno de estos tipos, porque es probable que le envíe un gancho al hígado: «¡DESODORANTE!» Esa palabra es contra su religión. No se la permiten.

Dirá usted: «¿Por qué exagera tanto, Witt?» Bueno, en primer lugar no estoy muy lejos de lo que es la realidad. Por ejemplo, cuando uno visita esas tiendas de música donde venden todos esos aparatos que tanto nos gustan (y que muy pocos pueden comprar), uno se topa con muchos de estos hombres cavernícolas que acabo de describir. No le puedo contar la cantidad de veces que he salido de esas tiendas avergonzado de ser músico, simplemente por el aspecto que tienen los músicos que están adentro. ¡Da vergüenza! La gente ve a esos músicos en esas condiciones, y susurran el uno al otro: «es músico», como si fueran seres interplanetarios, porque, de verdad, sí se parecen a algunas de esas criaturas de la película llamada «La guerra de las galaxias». Pero se lo dicen el uno al otro como quien dijera: «Disculpa su forma estrafalaria de ser, a fin de cuentas es un artista que se expresa de esa manera. Hay que entenderlo». Y es así como los músicos hemos llegado a tener una fama muy mala entre toda la gente. En los aeropuertos y en los aviones nos hemos encontrado en muchas ocasiones con estas personas, y lo primero que pensamos es, «son músicos». Dicho y hecho, al rato los vemos recogiendo sus maletas, entre los cuales traen sus guitarras, bajos, sintetizadores, etc.

En segundo lugar, la razón por la que exagero un poco el punto, es para que los músicos de esta «nueva generación» hagamos conciencia, y empecemos a cambiar estas cosas en nuestras propias vidas. Ya basta de tener la fama de parecer ser miembros de esa famosa familia cavernícola llamada «Los Picapiedras». Es tiempo de empezar a mostrar otra manera de vivir. Una forma vigorosa de vivir, llena de entusiasmo, energía, dinamismo, entrega y arrojo. Hay que ser personas disciplinadas, ordenadas, bien presentables en nuestro estilo de vida. Quiero que comprenda que no estoy predicando sobre cómo vestirse ni como tener su cabello, eso es asunto suyo y/o de sus padres o líderes espirituales. Lo que sí estoy diciendo es que, vístase como se vista, sea dinámico, entusiasta, lleno de fuerzas «como las de un ejército» (vaya fuerzas), lleno de energía, haga las cosas con gran empeño y entrega. No sea perezoso, levántese temprano en la mañana, asee su habitación y lleve a cabo su aseo personal, lávese los dientes (por el bien de la humanidad), péinese esos cabellos, y por favor, por favor, por favor, póngase desodorante para que no huela a león. Algunos hemos olido tan mal que hasta los leones nos tienen vergüenza. ¡Es tiempo de que eso cambie!

Una de las palabras dentro de la descripción de «vigoroso» es «eficiencia». Esto me llamó la atención porque es algo que siempre he querido asimilar para mi propia vida. Hay una gran necesidad entre los músicos de practicar la eficiencia, y la manera de empezar es poniendo orden en nuestras vidas y siendo disciplinados en nuestras actividades y en nuestros hábitos. Por ejemplo, muchos jóvenes piensan que sus madres y hermanas son sus sirvientas, y esperan que les aseen la habitación, les tiendan la cama, les laven la ropa y les hagan todo sin que ellos muevan un solo dedo. ¡Muy mal! Sus mamás y sus hermanas, son precisamente eso: mamá y hermana, no sus sirvientas. Y para todas las mamás y las hermanas que estén leyendo esto y diciendo «Amén», no lo digan muy fuerte porque ustedes tienen la culpa de que sus hijos y sus hermanos sean tan indisciplinados, ya que ustedes nunca les enseñaron a hacer estas cosas de las que hablamos. En general, existe una falta de eficiencia en el mundo entero y parece ser que entre los músicos más. ¡Cambiemos esto! ¿Qué le parece? Pidámosle al Señor que nos haga personas vigorosas, esforzadas, fuertes, eficientes, ricas (de riquezas en valores morales y espirituales) y llenas de fuerzas como las de un ejército. Esto debe ser algo que caracterice a esta nueva generación de salmistas que Dios está levantando.

Quiero cerrar esta sección del capítulo citando un proverbio que lleva una promesa. Muchas veces cuando pensamos en las promesas del Señor, nos acordamos de todas esas promesas preciosas que nos hablan de victoria, triunfo, etc. Pero, en la Biblia también hay otras promesas que traen consecuencias no tan atractivas. Esta es una de ellas:

> *Un poco de sueño, cabeceando otro poco, poniendo mano sobre mano otro poco para dormir; así vendrá como caminante tu necesidad, y tu pobreza como hombre armado* (Proverbios 24.33,34).

Hay algunos otros pasajes que debería leer, si batalla con el asunto de la pereza. Aquí hay algunos:

Proverbios 6.6-11; 10.26; 13.4; 20.34; 26.13-16; 19.24; 21.25; 22.13; Romanos 12.11; Hebreos 6.11-12

¡SÉ UN SALMISTA LLENO DE VIGOR!

«HOMBRE DE GUERRA»

Mucho hemos oído y mucho se ha hablado en los últimos años acerca de la guerra espiritual, y sin duda ha sido uno de los énfasis que el Señor ha traído a su Cuerpo en estos tiempos. Ha sido importante para nosotros aprender estos principios tan esenciales para poder tener victoria en nuestra vida diaria. Le doy gracias a Dios por haber levantado hombres como Carlos Annacondia, Victor Richards, Peter Wagner, John Dawson, Héctor Torres y muchos otros que Él ha usado para hablarnos sobre este tema tan necesario en el Cuerpo de Cristo. Gracias a Dios por una mujer como Cindy Jacobs que ha enseñado y escrito cosas tan profundas con respecto al tema. No es mi deseo añadir algo a todo lo maravilloso que han escrito estas personas que he mencionado y quienes no he mencionado por medio de los cuales Dios está hablándonos sobre este tema. Lo que quisiera hacer aquí es enfocar y enlazar el ministerio de la música a este tema de la guerra espiritual. Todos los que he mencionado anteriormente reconocen que la música es un arma poderosa en esta guerra. Hay cientos de relatos de cómo a través de la música, Dios ha traído liberación, sanidad y restauración a muchas vidas. Simplemente, al ver la reacción que tuvo el espíritu malo en el rey Saúl al tocar David su instrumento, nos indica que en la música Dios ha puesto un elemento poderoso de ataque contra el enemigo. Muchos músicos tienen la idea de que «sólo tocan» o que «sólo cantan», pero es hora de que los que tocamos y cantamos reconozcamos que al hacerlo estamos entrando directamente a la guerra espiritual desde las primeras filas. Hay un versículo que cada vez que lo leo me asombra:

> *Y cada golpe de la vara justiciera que asiente Jehová sobre él* [la palabra «él» refiriéndose al enemigo], *será con panderos y con arpas; y en batalla tumultuosa peleará contra ellos* (Isaías 30.32).

Cada vez que tomamos en nuestras manos nuestro instrumento para tocarlo en la presencia del Señor, hay un resultado poderoso en el reino de las tinieblas: ¡la vara justiciera de Jehová sobre el enemigo! Cada vez que tocamos los panderos o aplaudimos o levantamos nuestra voz para declarar la grandeza de nuestro Señor, ¡hay guerra! Es uno de los RESULTADOS de tocar y cantar para el Señor. No que la música o el canto lleve en sí algún poder mágico, sino porque al tocar, cantar y alabar al Señor lo estamos «levantando» (o sea, exaltando sobre todo, no «levantando» en el sentido de que Dios esté «caído»), y Salmos 68.1 enseña que el resultado directo de «levantar» a Dios es que sus enemigos huyen de su presencia. No aguantan el estar en cualquier lugar donde el Señor es exaltado, glorificado y alabado, entonces les queda sólo una opción: huir. Por eso considero tan importante que el músico salmista de esta nueva generación comprenda su papel en estos tiempos. No está sólo tocando por tocar o cantando por cantar, está causando estragos en el reino de las tinieblas. Está permitiendo que el Señor asiente unos cuantos golpes de su vara justiciera sobre el enemigo. Qué importante es para el músico reconocer su papel, y que los pastores y líderes comprendan que es por esto que el ministerio de la música debe desarrollarse por personas de quienes se puede decir que son «hombres de guerra», como dijeran del salmista David, personas que han entendido lo importante que es su papel en esta guerra espiritual.

Cuando viajo a diferentes partes, y pregunto a los pastores y líderes con respecto al nivel de participación de los músicos en actividades como veladas de oración, ayuno y reuniones de intercesión, me entristece enterarme de que la participación por parte de los músicos y cantantes es muy baja. Debería ser totalmente lo opuesto. Los músicos de la Biblia casi siempre eran a los que mandaban adelante cuando salían a la guerra. Hoy en día, casi todos los que están «adelante» en la guerra de oración, intercesión y ayuno son todas esas hermanitas fieles que por años han sostenido la obra del Señor con sus oraciones poderosas y fieles. Aquí también parece que los músicos brillan por su ausencia. ¡Esto debe cambiar!

En 1989 el Señor me habló claramente acerca de la estrecha relación que tienen la música y la alabanza con la oración y la intercesión. Sentí, dirigido por el Señor, convocar a cuanta gente pudiera para hacer un llamado a la guerra espiritual a favor de nuestro país, México. Uní mi sentir y mi visión con el sentir de uno de mis mejores amigos y compañeros en el ministerio, el Hermano Víctor, director de Intercesores por México. Los dos, junto con mi equipo de músicos, técnicos de sonido y varias otras personas, viajamos a más de cincuenta y cinco ciudades de México, celebrando lo que llamamos «Noches de Alabanza e Intercesión». En estas celebraciones cantábamos, alabábamos, escuchábamos al hermano Víctor hablar sobre nuestro privilegio de interceder, y después todos comenzábamos a orar e interceder por nuestro país, nuestros gobernantes, la Iglesia de Jesucristo, contra los principados y las potestades que se han querido apoderar de nuestro país y de su gente. Pasábamos unos veinte o veinticinco minutos en intensa oración y guerra. Después declarábamos a Jesús como Señor y Rey sobre la ciudad, el estado y el país. ¡Qué noches tan tremendas vivimos durante esas giras! Hasta la fecha seguimos oyendo los testimonios de las cosas que el Señor hizo como resultado de esas noches poderosas. Muchas congregaciones, inspirados por la visión que Dios nos dio, empezaron a tener reuniones mensuales, o semanales de alabanza e intercesión. Algunas ciudades de México desde hacía tiempo habían tenido la misma visión, y en esos lugares lo que hicimos fue apoyar lo que Dios ya les había mostrado y animarles a seguir adelante. La música y la guerra espiritual están directamente relacionadas y es imposible separarlas.

Músicos y cantantes, es tiempo de ser hombres y mujeres de guerra. De hacer ejercicio espiritual, a fin de ser soldados aptos para pelear en esta guerra. Debemos ser personas comprometidas con la palabra, a fin de que la conozcamos al revés y al derecho. Debemos ser hombres y mujeres comprometidos con la oración de tal manera que cuando nuestros pastores convoquen a una reunión de oración estemos en la primera fila, listos para pelear. Cuando se haga un llamado al ayuno, debemos ser los primeros en apuntarnos en la lista de los que van a ayunar. Seamos hombres y mujeres de guerra. Dejemos a un lado esas actitudes débiles y pasivas, e involucrémonos más en esta guerra en la que estamos. Sabemos que nuestra lucha no es contra sangre y carne, sino contra principados y contra potestades y huestes de maldad en las regiones celestes. Dejemos de estar peleando el uno contra el otro, y empecemos a usar esas energías y esas fuerzas para pelear en contra de nuestro verdadero enemigo, Satanás.

Un día me puse a pensar en el hecho de que los demonios huyeron cuando David tocaba en aquella ocasión delante del rey Saúl.

¡Qué tremendo que al oír los demonios la música tocada por un hombre de Dios, como lo era David, reconocían la autoridad espiritual con la que tocaba, al grado de saber que esa autoridad era mayor que la que tenían, y les quedaba sólo la opción de salir huyendo de ahí! Oh, si pudiéramos nosotros tener esa misma autoridad espiritual al tocar. Esta es una de las cosas que le estoy pidiendo al Señor para mi propia vida. Use un momento su imaginación conmigo. ¿Qué tal si alguien inventara un aparato que midiera la entrada o salida de demonios? Llamémoslo un «demoniómetro». ¿Cuántos demonios en huída registraría este aparato al empezar a tocar nuestra música? Interesante pregunta, ¿no cree? De igual manera, ¿a cuántos demonios estaría registrando la llegada de nuestra música? Yo estoy deseoso de que al tocar en la presencia del Señor, al levantar mi voz en alabanza para Él y al cantar su gloria en esta tierra, los demonios oigan ese sonido, y les entre terror al saber que estoy «levantando» y exaltando al Rey de reyes y Señor de señores, y COMO RESULTADO tendrán que huir ante ese sonido. Lo empiezo a experimentar en algunos lugares, pero quiero ver que sea cada vez más y más fuerte.

Querámoslo o no, como músicos, somos guerreros. Aceptémoslo y empecemos a vivir como «hombres [y mujeres] de guerra».

«PRUDENTE EN SUS PALABRAS»

En esta sección vamos a ver otro de esos aspectos super-prácticos para nuestra vida y otra de las áreas donde necesitamos hacer una pausa y reflexionar sobre la manera en que las usamos: Nuestras palabras.

La Biblia pone un valor altísimo sobre las palabras que hablamos. En el libro de los Proverbios dice que «la muerte y la vida están en poder de la lengua» (Proverbios 18.21). Santiago nos habla, fuertemente acerca del poder en las palabras que hablamos. Lea esto:

> *Si alguno no ofende en palabra, este es varón perfecto, capaz también de refrenar todo el cuerpo[...] la lengua es un miembro pequeño, pero se jacta de grandes cosas. He aquí, ¡cuán grande bosque enciende un pequeño fuego! Y la lengua es un fuego, un mundo de maldad. La lengua está puesta entre nuestros miembros, y contamina todo el cuerpo, e inflama la rueda de la creación, y ella misma es inflamada por el infierno[...] ningún hombre puede domar la lengua, que es un mal que no puede ser refrenado, llena de veneno mortal. Con ella bendecimos al Dios y Padre, y con ella maldecimos a los hombres[...] De una misma boca proceden bendición y maldición. Hermanos míos, ESTO NO DEBE SER ASÍ (Santiago 3.2, 5-6, 8-10; énfasis mío).*

Qué precioso que a David lo reconocían como una persona prudente en sus palabras. No hablaba de más. La palabra que utilizan para decir «prudente» es «biyn», que significa «entender, discernir, considerar, percibir, conocer (con la mente), observar, distinguir, tener discernimiento, discreción, e inteligencia», entre algunas otras cosas. En pocas palabras alguien que sabe bien lo que dice antes de hablarlo. Cuántos hemos sido víctimas de aquellas personas que no utilizan la prudencia al hablar. Con razón Santiago nos dice que el que nunca ha ofendido en palabra es un hombre perfecto, porque todos hemos ofendido en palabra y nadie es perfecto. Sin embargo, todos debemos estar en el camino hacia la perfección, buscando y dependiendo de la gracia del Señor para llevarnos a ese lugar de madurez en Cristo (Efesios 4.13). En el asunto de guardar nuestras palabras, es importante que meditemos en nuestra forma de hablar. ¿Qué clase de persona diría la gente que es usted, si lo tuvieran que medir por sus palabras? ¿Pesimista? ¿Negativa? ¿Deprimida? ¿Maldiciente? ¿Blasfema? ¿Cómo lo calificarían a usted si tomaran todas sus palabras, y las metieran en una gran computadora para analizarlas? ¿Le temería a los resultados? Entonces, es tiempo de que cambie su manera de hablar. Es tiempo de empezar a hablar como habla la Palabra de Dios y no como habla el mundo que lo rodea.

Parece increíble, pero hay algunas personas que al sólo entrar en un lugar, todos sabemos que nos van a traer una palabra de ánimo, bendición y aliento, porque siempre han guardado su forma de hablar. De la misma manera, hay algunas personas que al entrar en algún lugar, lo primero que queremos hacer muchos es salirnos lo más rápido posible, porque sabemos, sin duda, que van a tener algo negativo qué decir, alguna queja qué exteriorizar, o alguna «observación» qué hacer. Les encanta criticar, desmenuzar y «comerse» a la gente con sus palabras. ¡Cuántos pastores y líderes espirituales han sido el platillo principal en las mesas de muchos de estos hermanos! Yo no sé de usted, pero yo quisiera ser conocido como una persona que habla bien de sus hermanos, que siempre tiene algo positivo que añadir a la conversación y que siempre es recibido con gusto al entrar a cualquier lugar porque he sido prudente en mis palabras. Le confieso que yo también como el apóstol Pablo dijo en una ocasión: «No pretendo haberlo alcanzado, pero prosigo a la meta» de ser una persona prudente en mis palabras.

Hay otros versículos que quisiera considerar en este momento, y se encuentran en 2 Timoteo y Efesios.

Mas evita profanas y vanas palabrerías, porque condu-cirán más y más a la impiedad. Y su palabra carcomerá como gangrena... (2 Timoteo 2.16,17a)

Qué comparación tan fea con la gangrena, ¿no le parece? Pero así han sido muchas de nuestras palabras a las vidas de muchas personas, a quienes hemos ofendido, herido y maltratado en ocasiones al descuidarnos con nuestra lengua. Frenemos ese mal llamado la lengua. El segundo versículo que vamos a ver es uno de mis favoritos en la Biblia. Se encuentra en Efesios 4.29:

Ninguna palabra corrompida salga de vuestra boca, sino la que sea buena para la necesaria edificación, a fin de dar gracia a los oyentes.

Nuestras palabras deben ser de «edificación» a las personas que nos escuchan. También deben traer gracia a los oyentes. Haga memoria y recuerde las palabras que ha hablado el día de hoy. Piense... ¿han sido de edificación? ¿Han traído gracia a las personas que las oyeron? Si la respuesta a esta pregunta, con respecto a cualquier conversación que ha tenido el día de hoy, es «no», entonces es tiempo de cambiar nuestra manera de hablar.

Muchos músicos tenemos el espíritu de «análisis» (por no decir lo que realmente es: crítica). Al escuchar otra música nos ponemos a «analizarla» con detalle, sacándole todos los defectos, y señalando que si «nuestro grupo lo hubiera tocado, lo hubiéramos hecho mejor en esto o en aquello». Cómo recuerdo la cantidad de conciertos a los que asistí de joven, no con el propósito de recibir o adorar al Señor, sino con el fin de criticar a los que estaban tocando. La escena, para muchos es muy familiar: sentado en las filas de atrás (para tener una vista panorámica, según nosotros) rodeado de los dos o tres amigos que tenían el mismo espíritu («espíritus familiares», Dios los hace y ellos se juntan), comentando entre nosotros todas las cosas que hacían los músicos en la plataforma, sin que se nos pasara un solo detalle. Íbamos sólo con el fin de criticar y destruir con nuestras palabras. Hasta que un día, la realidad de lo que hacíamos me golpeó con fuerza, y el Señor me mostró que todo lo que el hombre siembra eso también segará. Después de arrepentirme, y pedirle perdón por mi actitud tan horrible, decidí jamás mostrar ese espíritu hacia otros músicos consiervos, sino tratar de animarlos, apoyarlos y decirles palabras que les sirvieran de ayuda y aliento. Me propongo hacer esto siempre, y me gustaría animar a todos mis hermanos músicos y cantantes, líderes y pastores, a que hagamos lo mismo unos con otros. A raíz de tantas veces que critiqué a otros, ahora en mis conciertos o noches de celebración veo a los que están sentados atrás criticándome y comentando sobre todo lo que hacemos mis músicos y yo. La verdad es que no me molesta, porque sé que estoy segando lo que sembré. Mi oración es porque esas personas que me critican a mí o a cualquier otro ministro de Dios lleguen al entendimiento de que sus palabras, habladas imprudentemente, también algún día las van a tener que cosechar. Así que, hablemos prudentemente.

Sólo un par de cosas más antes de cerrar esta sección. 1) Tengamos cuidado con las bromas, los chascarrillos y los chistes que contamos entre nosotros. Después de que unas personas conviven mucho tiempo juntas, el nivel de confianza sube muchísimo, y hay ocasiones en que nuestras bromas no son edificantes, ni para nuestro hombre natural ni mucho menos para el espiritual. Revise si entre sus amigos y allegados el color de las bromas y de los chistes sigue siendo un color «edificante» y que traiga «gracia» al oyente. 2) Cuidado con los apodos y sobrenombres que les damos a nuestros amigos y allegados. Muchas veces estos lastiman, a pesar de que nos divierten, esta diversión es a un costo muy alto. Recordemos que no se le puede poner precio a los amigos y a las personas que el Señor, en su gracia, ha puesto a nuestro alrededor para amarnos, cuidarnos y protegernos. Edifiquémosles con nuestras palabras prudentes. Recuerdo que en una ocasión mis músicos le pusieron un apodo a uno de nuestros compañeros, que no le gustaba para nada, al grado que tuvimos que tratar este problema que causó una herida en el corazón de esta persona, a quien a fin de cuentas los muchachos amaban pero no sabían el daño que le causaban al llamarlo con un sobrenombre que lo ofendía. Hagamos conciencia de estos detalles, para que ofendamos lo menos posible con nuestras palabras. 3) Cuidado con las palabras que habla de usted mismo. Nadie debe tener un concepto más alto de sí que el que debe tener, según el apóstol Pablo en Romanos 12.3. Es bueno tener una sana actitud con respecto a uno mismo, pero que no se convierta en ninguno de los dos extremos. ¿Cuáles son estos extremos? 1) El orgullo, y 2) la baja autoestima. Cualquiera de estas dos cosas son un extremo. Cuidado al hablar muy bien de ti mismo, porque el orgullo viene antes de la caída (Proverbios 16.18). De la misma manera, cuidado con hablar demasiado mal de usted mismo, porque es creación de Dios y Él nunca ha hecho basura. Además, al Señor no le gusta que hablen mal de sus hijos, como a cualquier otro padre no le gusta que hablen mal de los suyos. Cuidado con sus palabras. Que lo edifiquen y le den gracia, porque, en este caso usted es el oyente.

¡Seamos parte de una generación prudente en sus palabras, así como lo fue el salmista David!

«HERMOSO»

Bueno, en este punto algunos de nosotros tendremos que darle gracias a Dios por sus misericordias que son nuevas cada mañana y recordar que podríamos estar peor de lo que ya estamos. Lo digo en broma, porque estoy convencido de que cada persona que Dios ha creado es hermosa, sin excepciones.

Al estar estudiando esta palabra para este capítulo, busqué en el diccionario hebreo para saber cuál es el significado de la palabra que se usa aquí, que es «toar», y me encontré que simplemente significa «una persona de aspecto hermoso en su forma, figura y apariencia». En otras palabras, quiere decir que David era un guapetón, bien parecido en su aspecto físico y en su apariencia. Traté de buscar un significado más espiritual de esta palabra en hebreo, pero desafortunadamente no lo encontré. Sin embargo, creo que tiene un significado espiritual, porque todos sabemos que existe una hermosura en las personas, que va más allá de la hermosura física exterior, y esa es la hermosura interior de quien tiene paz, amor, paciencia y todos los frutos del Espíritu. Esta es la clase de persona que debemos aspirar a ser. Realmente, nada nos sirve tener toda la belleza física exterior, si nuestro interior está en desorden y en caos. Recuerdo un dicho de mi abuelita Holder, «tu porte (en referencia a la belleza física exterior) va directamente relacionado a como te portas». En otras palabras, si se porta mal, no tiene buen aspecto exterior, por muy hermoso(a) que sea. Si se porta bien, tendrá un buen porte exterior, sin importar la hermosura exterior. Palabras sabias, ¿no cree?

Quizá ninguno de nosotros ganaremos algún premio importante en una certamen de belleza, pero nos podemos gozar en saber que nuestro nombre está escrito en un libro muy importante allá en los registros celestiales. Lo más seguro es que nuestro rostro nunca aparecerá en las portadas de revistas como «Vogue», «Ella» o «GQ», pero nuestro rostro es conocido en el cielo, porque hemos pedido ser lavados con la sangre preciosa del Cordero. De seguro nunca estaré en la columna social del diario «El Sol de México», pero eso realmente no me interesa porque «El Sol de Justicia» me conoce bien, y eso es más importante para mí. Espero que para usted también. ¡Seamos hermosos en espíritu, llenos de la luz del Señor!

> *Sea la luz* [la palabra en el hebreo aquí es «noam» que significa hermosura y favor] *de Jehová nuestro Dios sobre nosotros... (Salmos 90.17)*

«JEHOVÁ ESTÁ CON ÉL»

Podríamos concluir que la razón por la que David tenía todas esas otras características es por esta última. Nada podemos hacer sin nuestro Señor, y entre más pronto lleguemos a este reconocimiento, más pronto vamos a poder implementar todo lo anterior que hemos visto. Es precioso ver también que David reconocía que las cosas no eran en sus propias fuerzas, como ya lo hemos visto en la sección anterior de «valiente». Al leer los escritos de David, sus canciones, los salmos, rápidamente nos damos cuenta de que tenía una relación íntima con el Señor. Uno ni tiene que estudiarlas de cerca para enterarse de que David era un profundo enamorado del Señor. Tenía una confianza impresionante cuando le hablaba de las cosas que estaban en su corazón. Esto me maravilla y me desafía a desarrollar más una relación así con mi Señor. Creo firmemente que como resultado de la relación que disfrutaban, el Señor podía tener confianza en David y respaldarlo en las cosas que hacía. Ojalá pudiéramos nosotros tener esa misma relación con el Señor y gozar del mismo respaldo, y claro que podemos, si hacemos como lo hizo David: «El que habita al abrigo del Altísimo, morará bajo la sombra del Omnipotente» (Salmos 91.1). ¿Se puede imaginar viviendo bajo la sombra del Omnipotente? ¡Qué tremendo! Yo creo que de todas las cosas que dijeron de David, esta tiene que ser la más sobresaliente, porque hay muchas cualidades buenas en muchas personas, pero de pocas se puede decir: «Jehová está con él».

Espero que sea el deseo de nuestro corazón que se diga lo mismo de nosotros. Espero que pongamos al Señor en primer lugar en nuestras vidas, con el fin de poder tener su presencia con nosotros a cualquier lado que vayamos. Espero que no permitamos que nos suceda lo que le sucedió a Sansón, que después de conocer lo que era tener con él la presencia de Dios, se descuidó y permitió que otros valores lo convencieran, y de esta manera perdió la presencia del Señor. ¿Puede imaginarse lo difícil que sería no tener la presencia de Dios después de haberla disfrutado tanto tiempo? ¡Cuidado! No permitamos que esto nos pase. Ojalá dijéramos diariamente como dijo Moisés: «Si tu presencia no ha de ir conmigo, no nos saque de aquí (Éxodo 33.15). Busquemos todos los días la presencia del Señor. Permitamos que Él nos dirija en todo lo que hacemos, para que todo el mundo se dé cuenta de que «Jehová está con nosotros».

Después de leer todos estos atributos que tenía el salmista David, y de pasar tiempo estudiándolos, no sé si se sienta como me siento yo: inepto, inadecuado para la tarea. ¿Cuántas veces no le hemos dicho al Señor: «Por qué me querrás usar a mí, Señor. Si ni reúno la mitad de las características que tienen otros. Usa a otro». Pero el Señor, con amor y paciencia, cada vez que le decimos eso nos recuerda que no es por nuestras propias fuerzas ni en nuestras propias habilidades para que ningún hombre se gloríe (Efesios 2:9), sino que es en su Espíritu que podemos salir confiados, para hacer la obra que nos ha llamado a hacer. Que nunca se nos olvide que Él ha escogido a lo vil, lo menospreciado, lo débil y lo que no es para usarlo (1 Corintios 1.25-31). Si usted se ha identificado con cualquiera de estas cosas, es una de las personas que el Señor puede usar. Permita que su Espíritu Santo ponga en su vida la gracia para tener todas estas características que necesitamos tener los salmistas de esta generación.

Quiero invitarlo a que haga una pausa aquí. Ponga a un lado su libro, cierre los ojos y haga una oración de reconocimiento y entrega. Reconozca que sin su gracia nada puede hacer, y dele gracias porque da su gracia en abundancia a todo aquel que lo pide. Entréguele todas estas áreas de su vida que hemos visto en este capítulo, y pídale la fuerza y la enereza necesarias para llevarlas a la práctica en su vida diaria y a su ministerio. Tómese unos cinco minutos para afirmar estos pensamientos en su espíritu, antes de seguir con el siguiente capítulo.

5

LAS RESPONSABILIDADES DE LOS SALMISTAS

DESPUÉS DE PASAR bastante tiempo hablando sobre cómo debe ser el salmista y cuáles deben ser las actitudes que lo caracterizan, en este capítulo vamos a estudiar algunas de las cosas que deben hacer los salmistas de hoy. Hablaremos acerca de algunas de nuestras tareas como salmistas. Vamos a ver cuáles eran algunas de las cosas que el Señor esperaba de los levitas del Antiguo Testamento, y aprenderemos de esto algunas de nuestras responsabilidades de hoy. Como todos lo sabemos, el Antiguo Testamento es para nuestro ejemplo y aprendizaje (1 Corintios 10.11). Pero antes de ir al pasaje que estudiaremos, permítame hacerle una que otra observación relevante a este tema.

«LEVITAS»
Los levitas eran los hijos de Leví, una de las doce tribus de Israel. Eran personas dedicadas exclusivamente al servicio del Señor, y no tenían que hacer otra cosa más que encargarse de todo lo relativo al servicio del Señor. Estas eran las personas que, después de que se terminó la construcción del Tabernáculo que Dios le instruyó a Moisés que construyera, se encargaban de cuidarlo, transportarlo, limpiarlo y servir en él. El acomodo físico de los levitas en cuestión de residencia en el campamento era estratégico, ya que el Señor ordenó que vivieran alrededor del

Tabernáculo (de esto hablaremos más adelante en este mismo capítulo) debido a que Dios quería que este grupo de personas se dedicara únicamente a lo que tenía que ver con su servicio. Era un pueblo apartado de las demás personas y como lo veremos después, hasta su sistema económico era distinto al de los demás israelitas. Dios proveyó ciertas cosas para los levitas que las demás personas no tenían. Todo esto era con un propósito muy específico y especial: los levitas eran para estar apartados de los demás, y dedicarse exclusivamente a la obra del Señor.

Podemos estudiar mucho acerca de los levitas, pero para no entrar muy en detalle, sólo permítame mencionarle algunos de los puntos más sobresalientes. Había personas de esta tribu designadas exclusivamente a ciertas tareas especiales, como por ejemplo los «porteros» (2 Samuel 18.26; 2 Reyes 7.10; 1 Crónicas 9.21; 2 Crónicas 8.14), quienes eran aquellas personas que tenían a su cargo el cuidado de las puertas y las entradas del templo. En el tiempo de David, había cuatro mil levitas señalados como «porteros». También estaban los «cantores» (1 Crónicas 9.33; 1 Crónicas 15.16,22,27; 2 Crónicas 5.12; Esdras 2.70 y 7.7). Creo que era obvia la tarea de ellos: ¡cantar! En Esdras y Nehemías se menciona otro grupo interesante de los levitas que son los «servidores en el templo», que en unas traducciones dice «Los netineos» (Esdras 2.70; 7.7,24; Nehemías 7.73; 10.28), quienes eran personas dedicadas a ser los siervos de los levitas, en otras palabras, los siervos de los siervos. Es interesante ver esto, ya que es importante hacer notar que cada servicio en la casa del Señor, ya sea servir directamente en el templo o indirectamente a través de servir a los que sirven en el templo, es un lugar importante que Dios ha diseñado. Todos tenemos un lugar importante dentro del reino.

Bueno, estas son algunas de las cosas que podemos

aprender acerca de los levitas sin detallar tanto. Y, ¿por qué estaré pasando tanto tiempo hablando acerca de los levitas? Por una sencilla razón: En este capítulo aprenderemos acerca de muchas de las cosas que se esperaban de este grupo de personas, y también por qué en este fresco mover del Espíritu en los últimos años, en la alabanza y adoración se ha comparado en muchas ocasiones a los músicos de hoy con los levitas del Antiguo Testamento. Sin duda, hay muchas cosas parecidas, pero antes de estudiar más de cerca aquellas cosas, quisiera sólo enfatizar lo siguiente: Nuestro sacerdocio neotestamentario es de mucha más responsabilidad que la del Antiguo Testamento. Tenemos hoy en día mucho más en juego usted y yo, como sacerdotes del nuevo pacto (Apocalipsis 1.6); ya que mucho más ha sido dado para poder ser estos sacerdotes, y donde mucho es dado, mucho se requiere (Lucas 12.48). Para que usted y yo pudiéramos ser sacerdotes del nuevo pacto, Cristo dio su vida misma, derramó su sangre preciosa, pagó el precio más alto que un hombre jamás haya pagado por nuestra redención. Días después de su ascensión envió al Consolador, el Espíritu Santo, para guiarnos, enseñarnos, darnos poder y cuidarnos en el Camino que Jesús nos había mostrado, estando aquí en la tierra. Todo esto ha sido dado para que usted y yo podamos ser sacerdotes del nuevo pacto. Por eso creo que nuestro sacerdocio tiene una responsabilidad más alta que el de los levitas del Antiguo Testamento. Siempre necesitamos recordarlo, al estudiar las responsabilidades que tenían esos levitas, porque aparte de aprender de las cosas que se esperaba de ellos para ponerlas por obra en nuestra vida, tenemos la añadida responsabilidad (pero bendición también), de tener al Espíritu Santo en nuestras vidas. En resumen: Nuestro sacerdocio es de muchísima más responsabilidad que el de los levitas, y por esta razón tenemos un sacerdocio más efectivo que el que tenían ellos. Siempre que use la palabra «Levita» para referirse a un músico, ministro o siervo de hoy, recuerde que, aunque hay similitudes, nuestro sacerdocio requiere mucho más de nosotros que el de los «levitas».

Por todo lo que acabo de decir en este capítulo, aunque estudiemos cuáles eran las responsabilidades de los levitas, lo vamos a enfocar a los salmistas de este nuevo sacerdocio. Por esta razón el título: «Las responsabilidades de los salmistas».

> *Pondrás a los levitas en el tabernáculo del testimonio, y sobre todos sus utensilios, y sobre todas las cosas que le pertenecen; ellos llevarán el tabernáculo y todos sus enseres, y ellos servirán en él, y acamparán alrededor del tabernáculo» (Números 1.50).*

> *Mas los levitas harán el servicio del tabernáculo de reunión, y ellos llevarán su iniquidad; estatuto perpetuo para vuestros descendientes; y no poseerán heredad entre los hijos de Israel. Porque a los levitas he dado por heredad los diezmos de los hijos de Israel que ofrecerán a Jehová en ofrenda; por lo cual les he dicho: Entre los hijos de Israel no poseerán heredad (Números 18.23).*

En estos dos pasajes vemos varias cosas muy interesantes que se les había encargado a los levitas. Vamos a verlas una por una, empezando con el primer pasaje que leímos, Números 1:50.

«EN EL TABERNÁCULO»

Lo primero que le dice el Señor a Moisés es que quería a los levitas «en» el tabernáculo. Es significativo para nosotros, al hacer este estudio, que entendamos que el tabernáculo se refiere a ese lugar donde mora la misma presencia de Dios. En el tiempo de Moisés, el Señor mandó hacer el tabernáculo en el desierto donde el pueblo pudiera ver tangiblemente un lugar donde descansaba en la tierra la presencia de Dios. De hecho, la Biblia enseña que entre las alas de los querubines en el altar del pacto moraba la esencia misma de la presencia de Dios, la gloria Shekinah de Dios mismo (Éxodo 25.17-21; Salmos 99.1). Hoy día, para nosotros los sacerdotes del nuevo pacto, el Señor dice que ya no habita en templos hechos por manos de hombres, sino que nuestra vida misma viene a ser el templo, la morada y la habitación de Dios (Hechos 7.48, 17.24 y 1 Corintios 6.19).

Para nosotros, el «tabernáculo» viene a ser cualquier lugar donde usted y yo reconocemos la presencia del Señor. Aunque es cierto que el Señor es Omnipresente y habita en todo lugar, no en todos lados se le «reconoce» y se le da un lugar para que Él obre con libertad, y por eso es importante que nosotros vivamos en un estado de reconocimiento constante de presencia para que Él nos encuentre, nos hable, obre en y a través de nosotros en todo momento. Esto sería para nosotros la aplicación de habitar «en» el tabernáculo. Una mentalidad y un corazón que constantemente consulta al Señor en todo y para todo.

Aquí cabe mencionar que esto no quiere decir que seamos unos «raros» o «extraños», espiritualmente hablando. De seguro usted ha conocido algunas de estas personas: Siempre tienen la cabeza en las nubes y pareciera que son acompañados por otros seres invisibles a usted y a mí, porque mantienen conversaciones con estos «seres», hablando cosas muy extrañas. O, ¿qué tal de aquellas personas que, al conducir su auto en la calle, de repente dicen: «¿Sí Señor, quieres que cambie de carril? Lo haré con gusto, Señor, porque he prometido servirte en todo». Esta es gente «extraña», espiritualmente hablando. Jesucristo no nos llamó a ser personas raras o estrafalarias en nuestra manera de vivir. Nos ha llamado a ser «extraordinariamente ordinarios», «sobrenaturalmente naturales».

Por medio de su Espíritu que nos ha sido dado, podemos ser extraordinarios y sobrenaturales (Hechos 1.8), pero esto no significa que debemos ser «místicos» y «raros». Las características que Él ha puesto en nuestra vida las puso para algo. Hay que santificarlas y entregárselas a Él cada día, sin volvernos extraños.

Cuando el apóstol Pablo escribe a la Iglesia en Tesalónica diciéndoles «orad sin cesar» (1 Tesalonicenses 5.17), no les estaba diciendo que se la pasaran orando todo el día sin hacer cualquier otra cosa, sino que vivieran en una «actitud» constante de oración, sin descuidar todas las demás cosas que tenían que hacer. Imagine: un día el esposo llega de su trabajo, cansado y hambriento después de un día arduo y estresante en la oficina, para encontrarse con una esposa, en bata, que aún no se ha quitado los tubos para amoldar el cabello, y sin la comida preparada. Ella le dice: «Amor, he estado obedeciendo a la Biblia donde dice: "Orad sin cesar", y no he tenido tiempo de atender la casa, ni a los hijos, ni a nada, porque he estado orando todo el tiempo, como lo dice la Palabra». ¿Cuál sería su reacción ante esta mujer? Quizá similar a la de todos: ¡incredulidad y asombro! ¿Por qué reaccionaríamos así? Simplemente porque es obvio que esta mujer no entiende que el escritor no se refiere a estar orando siempre, y dejar ir todas las demás cosas, sino que se refiere a tener un corazón y un espíritu dispuesto a la oración, constantemente y en todo tiempo. La mujer que describo es una «extraña espiritual». No se vuelva como ella.

Habitar «en» el tabernáculo es una mentalidad, un espíritu, una manera de vivir que podemos desarrollar en nuestras vidas. Es tener constantemente una conciencia sensible a la presencia y al Espíritu de Dios en todo lo que hacemos, a dondequiera que vayamos y en todo lo que hagamos. Esta es una de nuestras responsabilidades como salmistas, sacerdotes de estos tiempos. Seamos como aquella persona de la que habla Salmos 34.4 *«BUSQUÉ a Jehová y Él me oyó, y me libró de todos mis temores»* (énfasis mío). Siempre BUSQUEMOS al Señor en todo lo que hagamos y en todo lo que digamos. VIVAMOS siempre «en» su presencia.

«SOBRE TODOS SUS UTENSILIOS»

Otra de las tareas que les tocaba a los levitas era la de cuidar todos los utensilios que se utilizaban en el tabernáculo. A ellos se les había encargado mantenerlos en óptimas condiciones y listos para usarlos en cualquier momento. Me imagino que esto significaba lavar, limpiar y pulir estas herramientas que eran de oro, plata y piedras preciosas. Al tener que hacer uso de cualquiera de los utensilios, estos tenían que estar listos, limpios y bien cuidados.

¿Cuál será la aplicación actual de esto para nuestras vidas y nuestros ministerios? Bueno, los utensilios eran herramientas e instrumentos que servían para apoyar el servicio al Señor. Estaban en el tabernáculo justamente para asistir en todo lo que tenía que ver con ministrar al Señor, y por eso era importante que esta «herramienta» siempre estuviera lista, dispuesta y preparada para cuando uno de los sacerdotes necesitaba hacer uso de cualquiera de ellas. Los utensilios son aquellas cosas que tenemos para asistirnos y apoyarnos en el servicio al Señor. Visto de esta manera, creo que es fácil ahora entender cuáles son los «utensilios» de hoy en día: los dones, las habilidades, los «regalos» que Dios da para ayudarnos a servirle mejor. Debemos siempre recordar que los dones que tenemos son para que Él pueda recibir gloria de ellos, y no para ninguna otra razón. Estos dones que nos ha dado son nuestros «utensilios» para servir mejor al Señor. Por eso es importante que como sacerdotes del nuevo pacto, usted y yo tengamos un compromiso de mantener en óptimas condiciones nuestros utensilios, para que en el momento en que tengamos que disponer de ellos, estén pulidos, brillantes, limpios y listos para dar realce al servicio del Señor. Por ejemplo, uno de los «utensilios» más preciosos y valiosos que tenemos es el poder cantar nuestra alabanza al Señor, y en el momento en que sea necesario hacerlo. ¡Qué bueno sería que ese instrumento estuviera listo, presto y preparado para ofrecerle un canto al Señor que le trajera gloria, honra y alabanza! Ah, pero qué desagradable es cuando no está listo el «utensilio», sino que está todo sucio, descuidado, y mantenido con una mentalidad y una actitud mediocre. Aquellos levitas que no limpian y preparan sus utensilios son los que siempre están ofreciendo las cosas a medias, mal hechas, mal preparadas y de muy mal gusto. ¡Esto debe cambiar! Como sacerdotes del Nuevo Testamento, nuestros utensilios, nuestros dones y nuestras habilidades, dados por Dios mismo, deben estar siempre preparados en máximas condiciones, para poder ofrecer nuestros «sacrificios de alabanza» (Hebreos 13.15).

Una de las cosas que más me desconcierta al hablar de los dones que Dios nos ha dado, es el descuido, o el tomar en menosprecio los mismos. ¿Cuántas veces hemos visto u oído a ciertas personas decir: «Ay, pues TENGO que dirigir la alabanza de nuevo» o «TENGO que ir a la reunión para tocar la guitarra», o «TENGO que esto...» o «TENGO que aquello...»., cuando debería existir una mentalidad de PRIVILEGIADO. El que Dios haya depositado estos dones en vasos tan feos como los somos nosotros (2 Corintios 4.7), es un dicha, un regalo un verdadero privilegio que nunca deberíamos desaprovechar ni tomar a menos, por nada del mundo. ¿Cómo es eso de que «TENGO» que hacer? ¡Deberíamos tener la actitud de «ES UN PRIVILEGIO» poder hacer esto o aquello! Cuando hay un salmista que entiende que no es un DEBER sino un PRI-

VILEGIO, entonces nos podemos dar cuenta de que es un salmista que ha entendido que tiene «utensilios» preciosos que el Señor le ha encargado cuidar con suma atención. Cuando reina la otra mentalidad que describo arriba, es porque es un salmista que aún no entiende lo valioso que es el utensilio o los utensilios que el Señor le ha encargado. Cuántos utensilios preciosos Dios ha regalado a su Iglesia de hoy. Todos los dones de Su Espíritu son utensilios para asistirnos en nuestro servicio al Señor como sacerdotes. Todas las habilidades y capacidades que hay en el Cuerpo de Cristo para hacer muchas cosas son utensilios que Dios ha dado a su Iglesia para que podamos servirle mejor. Podríamos hablar de muchos hermanos con dones diferentes, pero no habría el espacio suficiente para poder enumerarlos a todos. El caso es que siempre debemos recordar que se nos dieron estos dones como utensilios para el servicio del Señor, mantengámoslos en óptimas condiciones, y siempre listos a ser usados para Él.

Hablando de utensilios, hay otro asunto que debemos recordar: él dice manejarlos con cuidado y con limpieza de manos. Todos recordamos cuando nuestras madres nos insistían en que nunca llegáramos a comer a la mesa con las manos sucias. ¿Por qué habrá sido esto? ¿Sería porque sólo querían molestarnos, y darnos una cosa más qué hacer, de todas las que ya nos había encargado? ¿Sería porque no tenían otra cosa más qué hacer que recordarnos hacer cosas que, para nosotros en el momento parecían absurdas y tontas? ¿Habrán sido estas las razones? ¡Creo que no! Es más, para la satisfacción de MI mamá y de todas las demás mamás que estén leyendo este libro voy a decir: Estoy SEGURO de que no fueron esas las razones. La razón principal por la que nuestras madres querían que nos acercáramos a la mesa con las manos limpias, era por motivos de higiene y salud. Ellas sabían que para tomar los «utensilios» con los que íbamos a llevar alimentos a nuestra boca, teníamos que tener las manos limpias, para no llenar nuestro cuerpo de gérmenes y microbios que nos podrían traer alguna enfermedad. Ellas insistían en que nos laváramos las manos para nuestro propio bien. Hay una aplicación tremenda a esta verdad: Cuando usted y yo tomamos los utensilios del Señor, ¡debemos hacerlo con las manos limpias! Es una deshonra hacer uso de los dones y de las habilidades que el Señor en su gracia nos ha dado, si nuestras manos no están limpias. Considere el siguiente pasaje:

> *Apartaos, Apartaos, salid de ahí, no toquéis cosa inmunda; salid de en medio de ella; purificaos los que lleváis LOS UTENSILIOS de Jehová (Isaías 52.11; énfasis mío).*

Creo que este pasaje es muy claro y muy fácil de entender. Al llevar estos preciosos utensilios que el Señor nos ha encargado, debemos vivir nuestra vida consagrada y en santidad delante de Él. No podemos ensuciar nuestras manos con las cosas que contaminan los utensilios, porque al darle de «comer» (figurativamente) al Cuerpo de Cristo, lo podemos llenar de cosas que pueden causar que se enferme. Es más, creo que en muchos lugares el Cuerpo de Cristo está enfermo, porque los sacerdotes no han estado limpiándose las manos antes de tomar los utensilios para ministrarle al Cuerpo. Sus manos están manchadas de pecado y de muchas cosas inmundas (filosofías, doctrinas falsas, mentalidades humanísticas), trayendo enfermedad y anemia al Cuerpo precioso de Cristo. Si usted es un músico, pastor o maestro de escuela dominical, líder de jóvenes o de matrimonios, ujier, guardatemplos o lo que sea, recuerde siempre que tiene un lugar muy importante dentro del Cuerpo de Cristo, y que debe mantenerse limpio, puro y sano para que su don y su servicio no enferme al cuerpo, sino que lo bendiga, lo anime y lo levante. ¡LÁVESE LAS MANOS!

La próxima vez que piense en el don que usted tiene, recuerde que más que algo que «sabe hacer», es un utensilio al servicio del Señor. Cuídelo, límpielo, guárdelo con amor y téngalo siempre en máximas condiciones, listo para el servicio del Señor.

«ELLOS LLEVARÁN EL TABERNÁCULO»

Otra de las responsabilidades que tenían los levitas era la de llevar el tabernáculo a todos lados. Cuando la presencia del Señor comenzaba a moverse, para irse a otro lado, los levitas tenían la tarea de preparar el tabernáculo para el viaje. Tenían que empacar todas las cosas que estaban relacionadas con él, los utensilios, los muebles, las cortinas, las varas, los postes, el cercado, TODO. Podemos imaginarnos que han de haber tenido algún sistema increíble para desmantelar y cargar todo este «edificio» portátil, porque lo hacían en tiempos relativamente cortos. ¿Se puede imaginar conmigo el movimiento que había en el momento en que comenzaban a empacar esta habitación de Dios en el desierto? ¡Qué tremendo! Los levitas sabían que cuando el Señor se empezaba a mover sobre el tabernáculo, todos tenían que presentarse para hacer lo que les correspondía en este esfuerzo masivo por llevarse el tabernáculo. Todos tenían una tarea, todos tenían un encargo y todos tenían que cumplir para que funcionara bien.

Las aplicaciones para nosotros son fáciles de ver: Usted y yo tenemos la asombrosa tarea de llevar la presencia de Dios a donde vayamos. Como ya lo vimos anteriormente, Dios habita en cada uno de nosotros. Ahora usted y yo somos el tabernáculo, la morada, la residencia de nuestro Señor. Nos corresponde a usted y a mí llevar su presencia a todo lugar. Ya no tenemos que desmantelar una tienda con miles de cosas y empacarla en valijas y cajas, sino que como tabernáculo del Espíritu Santo, la tienda va con nosotros para todos lados, y debemos tener cuidado que la gente siempre vea en nosotros la preciosa y dulce presencia del Señor en nuestras vidas.

¿Recuerda la vez en que David, con muy buenas intenciones, quiso mover el arca del pacto de una manera incorrecta? Encontramos la historia tanto en 1 Crónicas 13.15, como en 2 Samuel 6.1-11. El segundo pasaje dice algo muy interesante: «*Pusieron el arca de Dios SOBRE UN CARRO NUEVO...*» (énfasis mío). ¡Esta no era la manera correcta de mover el arca! No sé a quién se le habría olvidado este detalle, pero la forma correcta de llevar el arca de Dios era sobre los HOMBROS de los sacerdotes de la tribu de Leví (1 Crónicas 15.2, Deuteronomio 10.8), no sobre carros nuevos. Muchas veces usted y yo estamos tratando de llevar la presencia de Dios en «carros nuevos», en otras palabras, métodos y maneras de hacer las cosas desde la perspectiva del mundo, en lugar de hacerlo como Él nos lo ha mandado: sobre nuestros hombros. Se ha dicho en tantas ocasiones, que hasta se ha vuelto un poco superficial repetirlo; sin embargo, este dicho tiene una verdad profunda y fundamental: «La predicación más impactante que la gente puede tener acerca de Cristo es al observar nuestra manera de vivir». Si las personas que nos rodean pudieran ver a Cristo EN nosotros, SOBRE nuestros hombros, este sería un testimonio mucho más grande que cualquier predicación que les pudiéramos dar. Lo que decimos con nuestra boca DEBE ir respaldado por lo que estamos viviendo, de no ser así, no hay validez en nuestras palabras.

Una de nuestras responsabilidades como sacerdotes neotestamentarios es la de llevar la presencia del Señor con nosotros a todos lados. Las personas que tienen contacto con nosotros deberían igualmente tener un contacto con la presencia del Señor. Nuestra vida debería influir en cada uno de nuestros tratos con las personas, tanto cristianas como no cristianas. ¡Su presencia la llevamos con nosotros a todos lados!

«ELLOS SERVIRÁN EN ÉL»

Esta es otra de las responsabilidades que tenemos como sacerdotes o como salmistas. Tenemos que aprender a servir en la presencia del Señor. Es interesante ver la cantidad de personas que no comprenden que la palabra «ministerio» significa «servidumbre», porque en lugar de ser siervos en el reino de Dios, vemos a muchos que están en el «ministerio» que son «señores». Piensan, equivocadamente que el estar en el ministerio les da ciertos derechos y privilegios que les permite ejercer alguna clase de «autoridad» sobre la grey, en lugar de tener el compromiso que tuvo Cristo de servir y dar su vida por las ovejas (Mateo 20.28). La palabra «servir» en el Diccionario Larousse significa, entre otras cosas: «Desempañar ciertas funciones o cumplir con unos deberes para con una persona o colectividad». Entre las muchas definiciones que hay para la palabra, esta es la primera que aparece. Hay otra que me parece interesante: «Ser útil». Los que «servimos» en la presencia del Señor, debemos ser útiles, debemos desempeñar ciertas funciones, y cumplir con nuestros deberes para con el Cuerpo de Cristo. ¡Qué tan fácil se nos olvida que no es «nuestro» Cuerpo, sino que es el Cuerpo de Cristo! Estamos sirviéndole a Él, no a los hombres (Efesios 6.7). Cuando servimos a los de su Cuerpo, es como si estuviésemos sirviéndole a Él (véase Mateo 25.31-46).

¿Cuántas veces hemos escuchado decir a las personas que se encuentran en la obra del Señor; «MI ministerio, MI iglesia, MIS miembros, MIS ovejas, MIS jóvenes, MI grupo de alabanza, MI puesto, MI esto o MI aquello»? Parece que se nos ha olvidado quién es realmente la cabeza de la Iglesia. Parece que nos hemos apropiado del Cuerpo de Cristo en lugar de estar sirviéndole. Como aquellas personas que en México llamamos «paracaidistas», o sea personas que «descienden» a ciertas propiedades de forma ilegal (usualmente, de noche cuando nadie los puede detener) para apropiarse de las mismas. Hubo un tiempo en nuestro país, y entiendo que en muchos otros países del mundo, que era muy usual ver estas «colonias» de personas aparecer de la noche a la mañana. Bueno, pues hay personas con esta mentalidad que se han infiltrado dentro del campamento del Señor, porque ilegalmente han tomado posesión de un terreno que no les pertenece, sino que le pertenece sólo al Señor: ¡Su obra! Que nunca se nos olvide que es SU obra, que son SUS ovejas, que son SUS iglesias, que son miembros de SU Cuerpo, que es SU iglesia, que son SUS jóvenes, y SUS equipos de alabanza. TODO «es por medio de Él y para Él» (Colosenses 1.16). A nosotros sólo nos toca el increíble PRIVILEGIO de poder servir en SU Reino.

Más adelante dedicaremos todo un capítulo al tema de ser salmistas con un compromiso de servicio. Así que, por ahora, sigamos adelante con más de nuestras responsabilidades como sacerdotes salmistas.

«ACAMPARÁN ALREDEDOR DEL TABERNÁCULO»

La última tarea que se les encomienda a los levitas en este versículo, es la de acampar alrededor del tabernáculo. En el acomodo de las viviendas de todas las doce tribus de Israel, a los levitas se les dio el lugar de más rápido y fácil acceso al tabernáculo de Dios. Esto era con el fin de que pudieran estar lo más cerca posible al mismo para poder desempeñar todas las tareas relacionadas con él. Como se les había encargado todo lo relacionado al tabernáculo, era importante que sus «casas» (más bien dicho, sus «tiendas»), estuvieran lo más cerca posible a su trabajo. Esto tiene lógica. Dios, al ordenar que los levitas vivieran lo más cerca posible a Su presencia, estaba liberándolos de otras tareas para que se enfocaran 100% en sus responsabilidades. Les eliminaba cualquier posibilidad de excusa de «llegar tarde» o «se me hizo tarde porque el tráfico estaba muy pesado esta mañana, porque como vivo al otro lado del campamento...», sino que al vivir pegadito al lugar de su presencia, los levitas se podían concentrar totalmente en sus tareas y en sus responsabilidades. ¡Nada de excusas! Su vida y toda su actividad giraba alrededor de la presencia de Dios.

¡Ahí está la aplicación! Toda nuestra vida y toda nuestra actividad debe ir girando alrededor de la presencia del Señor. Debemos tener una sensibilidad tan grande a su presencia que cuando Él comience a moverse, nos podamos mover juntamente con Él. Que no haya distracciones, ni otras cosas qué hacer, sólo vivir totalmente conscientes de su presencia y de la actividad que está sucediendo dentro de su tabernáculo. Usted y yo debemos tener una máxima sensibilidad a su presencia y a su mover. Cuando en el desierto, la columna de fuego en la noche o la nube en el día se posaba sobre el Lugar Santísimo y empezaba a moverse, a los levitas les tocaba la tarea de avisar al resto del campamento que Dios se estaba moviendo y que era tiempo de empacar maletas y moverse junto con Él. No podían darse el lujo de dormir como todos los demás, sino que tenían que estar alertas, preparados para moverse con la presencia de Dios, tal como usted y yo debemos estar en el día de hoy: Constantemente conscientes del mover de Dios en la tierra, alertando a los demás, preparando el terreno en los corazones de más hombres y mujeres dónde Dios quiere establecer residencia. Sensibles cien por ciento de lo que Dios quiere hacer, a donde Dios quiere dirigirse, hablando lo que Dios quiere que hablemos, haciendo lo que Dios quiere que hagamos. Esta es una más de nuestras responsabilidades: Llevar nuestras vidas alrededor de la presencia del Señor.

Muchos piensan que su llamado en la vida es ser doctor, maestro, abogado, trabajador, secretaria, hombre de negocios, político, arquitecto o cualquier otra de las muchas profesiones que hay en esta vida. Pero a la luz de la Palabra de Dios, nos podemos dar cuenta de que fuimos creados para la alabanza de su gloria (Efesios 1.14), y fuimos creados para Él (Colosenses 1.16, Isaías 43.7 y 21). El hecho de que ejerzamos algunas de las carreras o de los trabajos que mencioné anteriormente, es porque necesitamos que estos trabajos financien nuestro sacerdocio. Necesitamos que los ingresos que recibimos de estos trabajos nos den el sustento necesario para seguir siendo los sacerdotes del nuevo pacto del Señor aquí en la tierra. Esos trabajos nunca deberían llegar a ocupar el primer lugar en nuestra vida, porque nuestra vida debe «acampar» alrededor de la presencia de Dios, en TODOS los aspectos, cien por ciento entregados a SU propósito, SU deseo, SU misión y SU voluntad para nuestra vida.

Sería bueno hacer una pausa aquí y preguntarnos lo siguiente: «¿Estará mi vida realmente planeada alrededor de la presencia de Dios? ¿Va TODA mi actividad y todos mis planes enfocados a cumplir con mi primera responsabilidad en la vida: ser un sacerdote fiel al Señor?» Hagamos en este momento una breve oración de entrega y de compromiso, para volver a recordar nuestra responsabilidad de ser sacerdotes acampados alrededor de su presencia:

«Señor, ayúdame a recordar que la razón por la que existo en esta tierra es para tener comunión contigo y para traerte gloria. Dame de tu gracia y de tu Santo Espíritu para poder cumplir con esta responsabilidad tan enorme que tengo de tener mi vida acampada alrededor de tu presencia, y ayúdame a nunca olvidar la importancia de mantener siempre una sensibilidad absoluta a TU deseo, TU propósito y TU voluntad para mi vida y la de mis seres queridos. Gracias por tu ayuda en esto. Gracias por tu Espíritu Santo que es nuestro Consolador y el que nos guía a toda verdad y justicia. En el nombre de Jesús, Amén».

Ponga a un lado su libro, y permita ahora que el Espíritu Santo le hable por unos momentos. Después, seguiremos con la última sección que debemos estudiar en este capítulo de «Nuestras responsabilidades como salmistas».

«LLEVARÁN SU INIQUIDAD» (Números 18.23)

En este pasaje encontramos algunas otras responsabilidades que tenían los levitas del Antiguo Testamento. Es interesante, al leer esta porción que de nuevo menciona que los levitas harán el «servicio», pero en esta ocasión varía un poco del primer pasaje que estudiamos, porque después de mencionar que harán el servicio, dice que «llevarán su iniquidad». Esto resulta interesante porque le da otro significado a la palabra «servicio». Esto también es parte de lo que se tiene que hacer, llevar la iniquidad de los pecados que se presentan en el tabernáculo de la presencia de Dios. La versión Reina Valera actualizada lo dice de la siguiente manera: «...*llevarán a cabo el servicio del tabernáculo y cargarán con las ofensas de ellos...*»

Al estudiar este pasaje, la mayoría de los comentaristas dicen que esto se refiere a lo que el Señor le dice a Aarón y a sus hijos en el capítulo 18.1: «*Tú y tus hijos, y la casa de tu padre contigo, llevaréis el pecado del santuario; y tú y tus hijos contigo llevaréis el pecado de vuestro sacerdocio*». Para entender esto, tenemos que recordar que el tabernáculo de Moisés era un lugar para ofrecer sacrificios en reconocimiento y arrepentimiento de pecado. El sumo sacerdote, en esta ocasión Aarón, es un tipo de nuestro Señor Jesucristo, y en este pasaje vemos que Jehová le está contestando a la pregunta que le hicieron en 17.12 y 13, porque quieren saber cómo hacer para acercarse al tabernáculo, ya que Dios les había dicho que todo el que se acercara moriría. Entonces el Señor les explica que la manera de acercarse y no morir es por medio de los sacerdotes, quienes serían los que llevarían los pecados que se presentaran en el santuario de toda la gente que venía a pedir perdón por ellos. Es clara la comparación que hay aquí con Cristo, ya que Él llevó los pecados de todos nosotros en la cruz del Calvario, al ofrecerse como el último y perfecto sacrificio.

Bueno, regresando a nuestra responsabilidad de llevar la iniquidad, siempre tenemos que recordar que cuando la gente se acerca a Dios, normalmente es porque tiene algo que quiere «descargar» sobre Él, como por ejemplo: pecados, problemas, situaciones difíciles, angustias, etc. Una de nuestras tareas es «cargar» con esta iniquidad que se presenta en el tabernáculo, aunque sabemos que Cristo cargó todos nuestros pecados y todas nuestras enfermedades. Hay un aspecto muy interesante que nos corresponde a usted y a mí como sacerdotes, y es el que vamos a ver a continuación.

Al «servir» en la presencia del Señor, al dar nuestra vida a la obra del reino, como deberíamos estarlo haciendo todos porque todos hemos sido hechos reyes y sacerdotes, como ya lo hemos visto, estamos entregando nuestras vidas para que las personas que no conocen a Cristo, y aun los que sí lo conocen, puedan tener un miembro del Cuerpo de Cristo con quien hablar sobre sus problemas, angustias, pecados, etc. Esto es parte de la función misma del Cuerpo: ser representantes de Jesús aquí en la tierra; ser las manos del Señor que se extienden en misericordia por el desamparado, ser la boca del Señor que habla palabras de verdad, sabiduría y justicia aquí en la tierra: ser los pies del Señor llevando las buenas nuevas del evangelio a todas las personas por todas partes. Al hacer esta «obra del servicio», nos vamos a encontrar con mucha iniquidad, en el sentido de que muchas personas nos van a platicar cosas que no serán muy agradables, pero que son ciertas. Otras personas van a llegar a nosotros para charlar y confesarnos sus pecados, y aun otras personas derramarán sobre nosotros los venenos que vienen con la amargura, las desilusiones y los sinsabores que trae la vida. Por muchos lados estaremos expuestos a mucha iniquidad y suciedad, así como los sacerdotes del Antiguo Testamento lo fueron cuando la gente venía al tabernáculo para ofrecer sus ofrendas de paz y arrepentimiento delante del Señor. Era importante que estos sacerdotes se comportaran de una manera digna de su oficio, y esto me lleva a una de las aplicaciones de este pasaje para nuestras vidas: Hay un precio alto que se le pone a la ética y a la rectitud con que manejamos las cosas relacionadas con la «iniquidad» del que nos mostrará mucha gente. Como sacerdotes del nuevo pacto, usted y yo debemos tener sumo cuidado cuando se trata de las vidas de otras personas. Es imposible ser un buen sacerdote y ser descuidado con respecto a las vidas de las personas que acuden a nosotros para pedir ayuda del Señor. Podríamos hablar por mucho tiempo de la cantidad de personas que se han defraudado, desilusionado y descarriado por causa de sacerdotes que tomaron a la ligera su responsabilidad de «llevar la iniquidad». En lugar de entregarle esa iniquidad al Señor y sepultarla bajo la sangre poderosa de Jesús, se la llevaron a otro hermano o a varios otros hermanos, regando la iniquidad por todos lados, en lugar de contenerla bajo esa sangre que fue derramada precisamente para ocultar los pecados. Cuánto podríamos hablar de las veces que hemos fallado, consciente o inconscientemente como sacerdotes al no «llevar la iniquidad» que encontramos en el tabernáculo. Recuerde que en muchas ocasiones la presencia poderosa del Espíritu Santo causa que las personas sean redargüidas de su error y pecado, porque esa es precisamente una de las tareas del Espíritu Santo: y al estar alguien en su presencia, viene el quebranto y el arrepentimiento, que es bueno y necesario. Al estar usted o yo orando por esta persona, probablemente tenga la necesidad de soltar toda su «iniquidad», y de confesar algunas de las cosas que lo están atormentando; pues, para eso estamos, para mostrar el amor de Cristo a esta persona y para ayudarla a que se levante de la condición en la que se encuentra. Seamos prudentes, sabios y entendidos en esto: Llevemos la «iniquidad» y pongámosla bajo la sangre del Cordero, donde Él da de su perdón y limpia de toda inmundicia. ¡Qué bendición tenemos de «llevar la iniquidad» para sepultarla en el mar de su sangre! ¡Qué ocasión de alegría y de regocijo! No lo arruinemos con nuestra falta de ética y rectitud al hacer algo tan torpe como «practicar» la iniquidad con otros. Esto echa a perder todo.

Establezcamos en nuestra vida una serie de reglas y de fronteras que regulen nuestro comportamiento ministerial o sacerdotal. Simplemente, al estar en una plataforma ministrando en canto, tocando algún instrumento, leyendo algún pasaje de la Palabra, o cualquier otra cosa pequeña para nosotros, nos pone en una posición de ministerio ante los ojos de quienes estuvieron presentes. Como resultado, muchas veces después de una reunión, hay personas que se acercan a nosotros porque nos vieron participar de alguna manera en ella, y quieren decirnos algo de su «iniquidad», pidiendo oración, ayuda o consejo. En estos momentos, necesitamos tener bien establecida en nuestra vida la ética, con respecto a cómo vamos a tratar estos asuntos. Por ejemplo, en mi caso, que tengo el privilegio de viajar por distintos lugares y países, me he encontrado con personas que, después de oírme predicar o ministrar, quieren hablarme de algún problema que tienen en su vida. Hay muchas personas que lo único que quieren es otra palabra de consejo, quizá porque la que les dio su pastor no les gustó o no les convino. En estos casos, una de las reglas de ética que he establecido en mi vida y en mi ministerio es la de nunca tomar un lugar que a mí no me corresponde, dando consejo a una persona en un problema o en una situación que desconozco totalmente. Siempre tengo como regla, después de escuchar a estas personas, decirles: «Hermano(a) no soy la persona indicada para darle un consejo en esta área, el indicado es su pastor o líder espiritual». Es importante establecer estas reglas de ética en nuestros ministerios y en nuestro sacerdocio, para que la «iniquidad del tabernáculo» no se riegue por todas partes, sino que se quede donde debe estar: bajo la sangre de Jesús.

Hablando de regar iniquidad, me recuerda la cantidad de veces que he estado en una reunión de «oración», donde todo el mundo expone sus peticiones para que los demás «oren» al respecto. Hay algunas personas que utilizan esta ocasión para «disfrutar» con los demás el último chisme del momento. Los oímos decir: «Ay, hermanos, oren por Chanita, porque está pasando por algo muy duro en estos momentos». Y como los demás ya han recibido la enseñanza de que hay que pedir «específicamente» por las cosas, le contestan: «Sea más específico, para que sepamos orar, por qué orar detalladamente». Entonces la primera persona les empieza a contar «la historia de Chanita», mientras que todos los demás permanecen verdaderamente escandalizados por lo que están oyendo, al estarse comentando uno a otro en susurros «¿Cómo se atrevería Chanita a hacer tal barbaridad?» y «Bueno, yo sabía que ella no era muy cristiana, y aquí está la prueba». Después de tener todos los «específicos» se ponen a «orar», muchas veces como el fariseo aquel que decía: «Señor, qué bueno que no soy como Chanita, sino que yo sí te ofrendo, y te sirvo y hago todo lo correcto que tú me pides, y ten misericordia de Chanita»; mientras nuestro orgullo espiritual llega a unos nuevos niveles de altura. Terminada la «reunión de oración», lo primero que quieren hacer los que participaron es tomar el teléfono y empezar una «cadena de oración» por Chanita, y así regamos la iniquidad por todos lados. ¡Esto tiene que cambiar! Y puede cambiar con usted y conmigo, si le pedimos al Señor que nos dé de su gracia para poder establecer las reglas y las fronteras correctas en nuestra vida para conducirnos con rectitud, llevando la iniquidad del tabernáculo en nosotros y depositándola sobre el Señor, quien tiene cuidado de nosotros (véase 1 Pedro 5.7).

Para resumir esta sección diría lo siguiente: El trabajar en el sacerdocio del Señor requiere de que muchas veces nos «ensuciemos» las manos con los problemas que hay en las vidas de otros. Cuando esto suceda, llevemos esa «iniquidad» y limpiémosla con la sangre del Señor Jesús.

Dentro de cada una de las secciones que vimos en este capítulo hay mucho más de lo que podríamos hablar, pero faltaría espacio y tiempo para cubrirlo. Mejor yo le pido al Señor que Él utilice estos pensamientos sencillos que me ha dado, para hacerlos vida y carne en usted. Le pido al Señor que Él lo ilumine mucho más, acerca de cómo debemos comportarnos los salmistas y sacerdotes de este nuevo y mejor pacto de nuestro Señor Jesucristo. Que las tareas que les asignaban a los levitas del Antiguo Testamento nos sirvan como un modelo sencillo de cómo debemos comportarnos, y cuáles son algunas de las cosas que el Señor espera de los sacerdotes del Nuevo Testamento. Valdría la pena que en cada sección pasara tiempo pidiéndole al Señor que lo haga más y más como el hombre o la mujer que Él desea que usted sea.

Si usted estaba pensando que era sencillo ser un músico de esta nueva generación, ya se habrá dado cuenta, que hay mucho más en juego que sólo tocar y cantar, y que Dios espera mucho más de nosotros. Si no quiere ser esta clase de ministro musical, le sugiero que cierre el libro ahora, porque lo que sigue sólo lo va a comprometer más y más, a ser parte de una nueva generación de músicos que Dios quiere usar. Si no quiere más compromiso del que ya tiene, por favor, no pase al próximo capítulo. Bueno al menos, ¡ya quedó usted advertido!

6

EL MÚSICO Y SU DINERO

SE HAN PERDIDO AMISTADES de toda la vida, y se han visto los pleitos más grandes del mundo por problemas relacionados con el dinero. Una amiga me comentaba acerca de un familiar cercano que estafó a su hermana unos bienes que heredó de sus padres, y después de ese suceso existe una amargura y un pleito tan grande entre ellos que ha dividido totalmente a la familia. Los dos hermanos no se hablan y ¡ay del familiar que se junte con el miembro de la familia que esté de uno u otro lado! Da tristeza ver cómo el dinero puede causar rupturas tan profundas trayendo división, amargura, resentimiento, tristeza, soledad, angustia y finalmente la muerte misma. Es por eso que el apóstol Pablo le habló estas palabras de consejo a Timoteo, un joven ministro en el reino que debía aprender mucho:

Así que, teniendo sustento y abrigo, estemos contentos con esto. Porque los que quieren enriquecerse caen en tentación y lazo, y en muchas codicias necias y dañosas, que hunden a los hombres en destrucción y perdición; porque raíz de todos los males es el amor al dinero, el cual codiciando algunos, se extraviaron de la fe, y fueron traspasados de muchos dolores (1 Timoteo 6.8-10).

El problema radica en el «amor al dinero», no en el dinero mismo. Cuando vemos al dinero como nuestro sustentador, y no como un simple ingreso, es cuando nos metemos en problemas. Me llama la atención que Pablo dice que esta es la raíz, no de «algunos», sino de TODOS los males.

En el momento en que comenzamos a poner los ojos en el dinero las cosas ya no andan bien para nosotros.

En este capítulo vamos a ver algunas de las cosas que la Biblia enseña al respecto de cuál debe ser nuestra actitud y nuestro comportamiento como salmistas de una nueva generación en relación al dinero. Vamos a ver algunas de las actividades incorrectas que han prevalecido en muchos músicos, descubriéndolas a la luz de la Palabra. Aquí vamos a examinar nuestra actitud con respecto a las finanzas, y espero que permitamos que el Señor cambie nuestra manera de pensar al respecto, si es que existe esa necesidad.

«NO POSEERÁN HEREDAD»

La última parte del pasaje que estudiamos en el capítulo anterior dice: «Y no poseerán heredad entre los hijos de Israel. Porque a los levitas he dado por heredad los diezmos de los hijos de Israel, que ofrecerán a Jehová en ofrenda; por lo cual les he dicho [lo vuelve a repetir]: Entre los hijos de Israel no poseerán heredad» (Números 18.23,24). ¡Más claro no puede estar!

Si usted y yo nos consideramos parte del sacerdocio del Señor, entonces desde hace mucho tiempo ya se nos ha dicho con mucha claridad que no tenemos heredad. ¡Deje de estar buscando alguna heredad, porque NO LA TIENE! Así de sencillo. En el momento en que empezamos a ver cuánto podemos o «debemos» tener como nuestra «parte», estamos caminando en terrenos bastante delicados, porque en lugar de confiar en que el Señor se encargará de nosotros para suplirnos todo lo que nos falte (Filipenses 4.19), comenzamos a encargarnos nosotros mismos de nuestras necesidades, y por eso nos hemos metido en muchos problemas, ya que nosotros no sabemos suplir nuestras necesidades como Él lo sabe hacer. Por eso es mejor dejar que Él lo haga.

Un mayordomo es un siervo. Es una persona que cuida los bienes de otro. Es alguien que normalmente no tiene nada propio; y sin embargo lo tiene todo, porque disfruta de todo lo que tiene su amo. Si es un buen mayordomo y gana la confianza de su amo no hay nada que el amo limite a ese siervo fiel, pero si el mayordomo es infiel, irresponsable y corrupto, utilizando los bienes de su amo para su propio beneficio, será despedido en el momento en que su señor lo sepa. Muchos ministros han sido «despedidos» por ser mayordomos infieles y corruptos en el manejo de los bienes y las propiedades del Señor de señores. Él es nuestro amo, y todo lo que «tenemos» (que no es nuestro) viene de Él y le pertenece a Él. A usted y a mí sólo se nos ha encargado la tarea de ser buenos administradores de sus bienes y propiedades. Como mayordomo (siervo) no espere nada para usted. Conténtese con que tiene abrigo y sustento, como le dijo Pablo a Timoteo, y el Señor se encargará de lo demás. Mientras tanto vaya metiendo en su espíritu la verdad de que no tendrá heredad, para que pueda quitar sus ojos de ella, y de esta manera funcionar como un bien mayordomo. Probablemente alguien que esté leyendo esto diga: «Marcos, ¿cómo explicas entonces ese versículo donde dice que el obrero es digno de su salario?» Qué bueno que me preguntó eso, porque sólo va a confirmar más el hecho de que los obreros no tenemos heredad. Ese pasaje se encuentra en Lucas 10. Jesús está por enviar a setenta obreros para predicar el reino de Dios. Les está dando instrucciones prácticas de cómo se van a comportar. Entre esas instrucciones les habló acerca de su «salario», que tanto alegan muchos ministros de música (y de otros ministerios también). Vamos a ver el pasaje:

Id; he aquí yo os envío como corderos en medio de lobos [ya con esto nos advirtió cómo iban a ser las cosas. Bueno, sigamos]. *No llevéis bolsa, ni alforja, ni cal-*

zado; y a nadie saludéis por el camino. En cualquier casa donde entréis, primeramente decid: Paz sea a esta casa. Y si hubiere allí algún hijo de paz, vuestra paz reposará sobre él; y si no, se volverá a vosotros. Y posad en aquella misma casa, comiendo y bebiendo lo que os den; porque el obrero es digno de su salario (Lucas 10.3-7).

Hasta donde yo puedo ver, el famoso «salario» del que tantos hablan es solamente «comer y beber en la casa donde estemos», en otras palabras «sustento (comida) y abrigo (casa)» (1 Timoteo 6.8) Jesús está enseñando que cuando usted y yo tenemos la dicha y el privilegio de ir a algún lugar para enseñar, lo único que debemos esperar de las personas a quienes les ministremos es sustento y abrigo, nada más. Aquellos que usan este pasaje para reclamar y exigir alguna ofrenda monetaria están aplicando mal este versículo para su propia conveniencia y satisfacción personal, y no son fieles mayordomos sino corruptos. Tienen gran necesidad de recapacitar en el verdadero significado de la palabra «siervo». Cansa el escuchar a muchos decir esta frase: «El obrero es digno de su salario», porque ni son palabras que debe hablar el obrero, sino el amo de todas las cosas. Él fue quien las dijo primero, y Él sabe encargarse de nosotros mejor que nadie. ¡Cambie su vocabulario!

En toda casa donde hay servidumbre uno de los problemas que se enfrenta es con los siervos que se apropian de lo que hay en ella para su uso personal (en otras palabras, se roban las cosas). Cuando es confrontado el problema, en ocasiones hay arrepentimiento y restitución, y con ese siervo se puede seguir trabajando. Pero el siervo que piensa que los amos tienen más de lo que necesitan, y que el tomarse esta o aquella cosita para llevársela a su casa es totalmente justificado es un siervo que no durará en esa casa. Normalmente, los siervos que tienen esa mentalidad nunca se arrepentirán de su pecado porque sienten que tienen algún «derecho» de propiedad, y a estos se les despide por infidelidad y deslealtad. Igualmente ocurre en la casa de nuestro Señor. Si ha habido aquellos «siervos» que sienten que hay justificación en reclamar sus «derechos» y exigir que se les pague más porque ellos se lo «merecen», lo más probable es que van a terminar despedidos porque el siervo fiel sabe que no merece nada, sino que está contento con todo lo que el amo le da de la abundancia del corazón.

¿Estoy diciendo que hay que vivir en pobreza y miseria? Mil veces no, porque la Biblia enseña que Dios nos quiere prosperar y bendecir. Pero esa prosperidad y bendición es en directa relación con nuestra servidumbre fiel y responsable, y nuestro crecimiento espiritual. En 3 Juan 2 dice: «Deseo que tú seas prosperado en todas las cosas *así como prospera tu alma*» (énfasis mío).

Bastaría con leer Deuteronomio 28 para saber que Dios quiere bendecirnos abundantemente SIEMPRE Y CUANDO "obedecieres los mandamientos de Jehová tu Dios[...] y si no te apartares de todas las palabras que yo te mando hoy...» (vv. 13,14). La bendición y la prosperidad van directamente relacionadas con nuestra obediencia. Dios no puede bendecir a hijos desobedientes, y por eso es que me atrevo a decir que a muchos no nos ha bendecido. Nosotros somos los que tapamos la fuente de bendición al quitar nuestros ojos de quién es nuestro sustentador, y ponerlos en otras cosas.

Aquí hay algo muy bello e importante. Cuando el siervo está siendo fiel en lo suyo (que es servir), no mirando qué «heredad» pueda tener, sino siendo responsable en sus áreas de trabajo y cumpliendo fielmente día tras día con lo que tiene que hacer (que es servir), el amo en la abundancia de su corazón porque ha visto su fidelidad, decide bendecirlo con algo adicional, que no esperaba.

Cuando esto sucede, el siervo se goza grandemente porque los regalos que se disfrutan más son aquellos que nos hacen cuando no los esperamos, ¿no es cierto? Cuando «esperamos» que nos regalen algo, no lo disfrutamos de la misma manera que cuando nos «cae» de sorpresa. Así es en el reino del Señor. Él mira nuestro corazón, nos ve fieles, responsables y entregados a la obra que nos ha encargado y de pronto... PUM... ¿Qué fue eso? Algo que cayó del cielo para bendecir al siervo fiel. Algo inesperado que se puede disfrutar grandemente. Así es como Dios ha bendecido a muchos. Si usted ve que hay alguien en el reino que es bendecido grandemente, lo más probable es que ha sido un fiel mayordomo de lo que Dios le ha encargado, porque Él recompensa la fidelidad.

«PUESTOS LOS OJOS»

La pregunta que tenemos que hacernos es: ¿Dónde tengo puestos los ojos? Si tenemos los ojos puestos en el Autor y el Consumador de nuestra fe (Hebreos 12.1,2) podemos vivir confiados en que Él sabe cuáles son, aun antes de que nosotros las sepamos. ¿Recuerda la lección que Jesús nos da en Mateo 6.31-33? «No os afanéis, pues, diciendo: ¿Qué comeremos o qué beberemos, o qué vestiremos? Porque LOS GENTILES [o sea, los paganos, en el contexto del tiempo en que Jesús enseña esto] buscan todas estas cosas; pero vuestro Padre celestial SABE que tenéis necesidad de todas estas cosas. Mas buscad primeramente el reino de Dios y su justicia, y todas estas COSAS [comida, bebida y vestido] os serán AÑADIDAS» (énfasis mío).

Es muy fácil quitar los ojos de la fuente verdadera de nuestra provisión. Por muchos años el mundo nos ha enseñado que si no nos cuidamos a nosotros mismos nadie va a cuidarnos. Pero el reino de Dios se mueve bajo otra serie de reglas, totalmente distintas a las de este mundo. Nos cuesta mucho trabajo aprender a vivir dentro de esas reglas, pero es tiempo de empezar a hacerlo. Pablo da a los romanos el resumen de las reglas del reino de Dios:

«Porque el reino de Dios NO ES comida ni bebida, sino justicia, paz y gozo en el Espíritu Santo» (Romanos 14.17, énfasis mío). Las reglas del reino tienen que ver con vivir confiados totalmente del Rey de reyes quien sabe cómo, cuándo, con cuánto y a través de quién suplirá TODAS nuestras necesidades conforme a sus enormes riquezas en Cristo Jesús (Filipenses 4.19). Si el señor ve que usted y yo estamos «viendo por nosotros mismos», en otras palabras, encargándonos de nosotros mismos, le estamos atando las manos para que no tenga el placer de hacerlo. De pronto, Él mira desde el cielo y ve que nosotros estamos ansiosos, afanados y turbados por ver de dónde vamos a sacar nuestra próxima moneda, entonces Dios se dice: «Bueno, parece que mi hijo (a) está haciendo un buen trabajo de ver por sí mismo (a). Mejor me dedico a suplirle a este (a) otro (a) hijo (a) lo que le falta porque el (ella) si está descansando y confiando en mí». *Nosotros mismos hemos detenido la bendición de Dios sobre nuestra vida.*

Hace poco Dios me abrió los ojos a una verdad muy poderosa, que se encuentra en un pasaje bastante leído por todos nosotros. Quizá tan leído que nos ha pasado este detalle totalmente inadvertido. Por cierto, aprovecho para recomendarle la lectura del libro que el Señor usó para mostrarme lo que le quiero trasmitir. El escritor se llama Jack Hayford, y el libro es *La llave que lo abre todo*, Editorial Betania, Miami, FL, 1995.

El hermano Hayford nos lleva al pasaje de Malaquías 3.7-10.

Desde los días de vuestros padres os habéis apartado de mis leyes, y no las guardasteis. Volveos a mí, y yo me volveré a vosotros, ha dicho Jehová de los ejércitos. Mas dijisteis: ¿En qué hemos de volvernos?

¿Robará el hombre a Dios? Pues vosotros me habéis robado. Y dijisteis: ¿En qué te hemos robado? En vuestros diezmos y ofrendas. Malditos sois con maldición, porque vosotros, la nación toda, me habéis robado.

Traed todos los diezmos al alfolí y haya alimento en mi casa; y probadme ahora en esto, dice Jehová de los ejércitos, si no os abriré las ventanas de los cielos, y derramaré sobre vosotros bendición hasta que sobreabunde.

Hemos escuchado este pasaje como mínimo unas 5,796 veces durante nuestra vida cristiana, si no más. Pero nunca se me había ocurrido, hasta que el hermano Jack Hayford lo trajo a mi atención, que Dios en realidad no tiene un problema de liquidez. Él no está necesitando nuestro dinero para que pueda cumplir con sus pagos mensuales celestiales. Dios no necesita de nuestro dinero para poder seguir construyendo las mansiones celestiales que nos ha prometido a todos, sino que con su palabra le basta para hacer cualquier cosa, como ya nos lo ha comprobado desde la creación del mundo. Entonces, ¿por qué dice que le hemos «robado», si es que no necesita dinero. ¿En qué le hemos robado? ¡En la bendición y el placer que le damos al podernos bendecir como Él quiere, y como es el deseo de su corazón! En eso le hemos robado TODOS.

Cuando Él ve que ni le tenemos la confianza suficiente de «probarlo» para ver si derramará sobre nosotros toda clase de bendición, Él no puede bendecirnos como quisiera, porque nosotros mismos nos limitamos al no obedecer y actuar conforme a sus leyes. Las leyes que Él instituyó dicen: «El que siembra escasamente, también segará escasamente» (2 Corintios 9.6). «Dad, y se os dará» (Lucas 6.38). Él se rige por sus propias leyes, y si usted siembra poco, poco cosechará. Si no da Él no le puede dar, y de esta manera le está «robando» el gozo de poderle bendecir, le «roba» el deleite de poderlo cuidar y proteger, y de suplir todas sus necesidades. Por eso es que dice: «Vosotros, la nación TODA, me habéis robado» (énfasis mío). Dios está buscando gente que REALMENTE confíe en Él como el Autor y Consumador de su fe, dependiendo TOTALMENTE de Él y no de sus habilidades de poder «sacar adelante» su ministerio. La única manera de salir adelante es ejerciendo confianza total en la fuente de nuestra provisión: El Señor Dios Todopoderoso que puede hacer MUCHO MÁS ABUNDANTEMENTE de lo que podemos pedir o pensar (véase Efesios 3.20).

Hay varias recomendaciones que me tomaré la libertad de mencionarle, todas ellas tienen fundamento en la Palabra:

1) Vivimos por fe y no por nuestras «contrataciones» (2 Corintios 5.7). El mundo nos ha enseñado el modelo de hacer contratos y «negociaciones», y no digo que está del todo mal, porque cualquier persona que su palabra tenga validez, no tendrá problema en firmar una hoja de papel diciendo que cumplirá con su palabra. Sin embargo, cuando llegamos a tener una dependencia en esos contratos, mirándolos como la «garantía» de nuestro sostén, las cosas han perdido el enfoque bíblico que deben tener.

«Es, pues, la fe la CERTEZA de lo que se espera, la CONVICCIÓN de lo que no se ve» (Hebreos 11.1; énfasis mío).

Cuando ejercemos verdadera fe, podemos tener la CERTEZA de que el Señor y no nuestras "contrataciones" es quien se va a encargar de nosotros. Al confiar en Él, podemos tener la CONVICCIÓN profunda de que nunca nos desamparará y nunca nos dejará (véase Hebreos 13.5), SIEMPRE estará pendiente de cuidarnos y de proveernos de todo lo que necesitemos.

2) Guarda una actitud correcta en relación al dinero (1 Timoteo 6.9). Aquellos que se quejan diciendo: «Ni para los gastos nos dieron», tienen una actitud incorrecta, además de tener sus ojos puestos en la «contratación» y no en el Autor y Consumador de su fe. Si fue a aquel lugar con el fin de tener dinero, lo hizo con la actitud incorrecta. Nuestra tarea, como veremos más adelante, es de ser sacerdotes, ministrando en la presencia del Señor, no de tener «heredades», como lo estamos viendo en este capítulo. Es muy probable que si «ni le dieron para los gastos» Dios le está proveyendo de una perfecta oportunidad para que sepa en quien realmente tiene puesto los ojos: en Él o en la «contratación», que le acaba de fallar. Si los tuvo puestos en Él se va a dar cuenta de que por algún medio distinto le suplirá lo que gastó para llegar al lugar a donde fue a ministrar.

Si no le dieron una ofrenda, entonces acaba de tener una maravillosa oportunidad de sembrar en el reino eterno de los cielos. Y a fin de cuentas, Él es quien lleva todas las cuentas y quien recompensa todo. Ya me parece oír: «¡Pero, es que es injusto que traten de esa manera a los ministerios en que damos todo por la causa de Cristo, sacrificando hasta nuestras familias por ella! Los que se aprovechan así de los ministerios son ladrones del reino. ¿Cómo no lo menciona? Es cierto que ha habido muchos abusos en estas cosas, pero le aseguro que «ellos» tendrán que dar cuentas a Dios por SUS actitudes incorrectas, e igualmente nosotros tendremos que dar cuentas por NUESTRAS malas actitudes. El que ellos hayan tomado ventaja de usted, no justifica de ninguna manera la mala actitud que ha tomado en muchas ocasiones. Tengamos cuidado al guardar una correcta actitud al respecto en nuestro corazón.

3) Si somos fieles en lo poco, Él nos dará más (Lucas 16.10-12). Al iniciar nuestra obra ministerial, el Señor nos empieza a dar algunos recursos para esa obra. Casi siem-

pre al principio todo es escaso, (puede preguntarle a cualquiera que esté en el ministerio). Uno batalla para saber de dónde se va a comer el día siguiente. La mayoría de las personas que empiezan algún ministerio, acudiendo a algún llamado del Señor, experimentan años de escasez. ¿Por qué? Porque el Señor quiere saber si puede confiarnos poco, antes de soltarnos más. Un buen ejemplo de esto son nuestros hijos. Como padres les damos dinero para que lo gasten en diferentes cosas. Les hemos tratado de enseñar los principios correctos de lo que es el dar y el ser fieles con su dinero. Al principio les damos poco para ver en qué y en dónde lo gastan. Si lo «malgastan» en cosas sin valor y sin importancia, nos damos cuenta de que debemos seguirles enseñando los principios correctos del buen manejo del dinero. Mientras más vemos que siguen siendo «infieles» con sus recursos, menos les damos, simplemente porque no podemos confiar más, hasta que aprendan a ser fieles con lo que ya les dimos. Si vemos que pueden ser fieles y manejar correctamente lo poco que les dimos entonces no se nos hace difícil confiarles una mayor cantidad. Al ver que con esa cantidad pudieron trabajar con fidelidad, les damos más y más, etc.

Los mismo sucede con Dios. Muchos no han recibido un centavo más de Él porque se ha dado cuenta de que no pueden con lo poco que se les encargó al principio, mucho menos podrán si les da una mayor cantidad. Como ya lo dije anteriormente: Dios se mueve por sus propias leyes y esta es una de ellas. No PUEDE darle más hasta que aprenda a ser fiel con lo que ya le dio.

Quiero animarle a que nunca quite sus ojos de la verdadera fuente de nuestra provisión: El señor Jesucristo. Él cuidará de nosotros. Como dice aquel himno antiguo y precioso, basado en el versículo de la Biblia en Mateo 6: «Si Él cuida de las aves, cuidará también de mí».

UN BUEN MAYORDOMO

En esta sección me gustaría darle algunas sugerencias de lo que puede hacer, y que le ayudará a ser un buen mayordomo. Dios ha dado a cada uno de nosotros algo que debemos cuidar; puede ser un talento, un don o algún recurso natural o espiritual, y a todos se nos exige ser buenos mayordomos de estos tesoros que ha depositado el Señor en nuestras vidas. En esta oportunidad me voy a referir principalmente al aspecto económico, que es donde muchos ministerios de música pierden el enfoque. Mi esposa Miriam y yo hemos aprendido muchas cosas a través de los años y de hombres y mujeres que Dios ha traído a nuestras vidas. Quisiera transmitirle algunas de estas ideas, esperando que sean una bendición para su vida y ministerio.

1) ADMINISTRE BIEN. La mayoría de los músicos no tenemos fama de ser muy organizados, al contrario, se nos conoce generalmente como personas bastante desorganizadas. Es importante que seamos buenos administradores de los bienes y recursos que el Señor envía a nuestras vidas. Un buen administrador es el que sabe pensar en el mañana y no en el «ahorita». Es una persona que sabe guardar algo ante la posibilidad de que necesite un día lo que tiene a la mano, y que por lo tanto no se lo gasta todo en el momento de tenerlo disponible. Es quien se organiza, se previene y se prepara. Si usted gasta siempre todo el dinero que tiene a la mano tan pronto como le llegue, pida ayuda. Busque a alguien que le pueda ayudar a ser un mejor mayordomo, y que le dé consejos de cómo poderse administrar mejor. No intente hacerlo solo, porque nunca le resultará. Asista a cursos de administración, para que le puedan enseñar algunos pasos sencillos y básicos que pueden tomar para ser mejores administradores. Lea algunos libros sobre principios fundamentales de la ad-

ministración. Acepte el hecho de buscar ayuda si no ha sido un buen administrador.

2) VIVA DENTRO DE SU «REALIDAD» ECONÓMI-CA. Esta es una de las trampas más grandes en la que hemos caído muchos: Querer llevar un nivel de vida que nuestros ingresos no pueden sostener. Por desgracia al mundo entero se ha maldecido con el asunto de los niveles sociales. Todo el mundo aspira a tener más, porque esta es la única manera de ser visto como un triunfador o como alguien de importancia y de valor en la sociedad. ¡Mentira! Aquí hace mucha falta recordar lo que la Biblia dice respecto a que somos «aceptos en el Amado» (Efesios 1.6), en otras palabras que Jesucristo (el Amado) nos ha recibido por su gracia tal y como somos, para poder obrar en nosotros su carácter y su personalidad. No tenemos que impresionar a nadie ni quedar bien con nadie para ser «aceptos», porque cuando podemos entender que Él nos acepta, no importa si los demás nos aceptan o no. Oh, mi hermano, en esto hay una libertad que no puedo describir, sólo la podrá conocer al vivirla personalmente. Gracias sean dadas a nuestro Señor Jesús, porque esta aceptación es otra de las muchas cosas que Él compró para nosotros en la cruz del Calvario. Nunca más tendrá usted que impresionar a nadie con el modelo de su auto, ni con una propiedad o marca de ropa si Jesús vive y reina en su corazón. No hay nivel social más alto al que usted pueda pertenecer, porque es hijo o hija del Rey de reyes. Tómese un momento y dele gloria.

Esta libertad le permite entonces evaluar bien todas sus entradas económicas y llegar a conclusiones sólidas y firmes. Saber qué se puede comprar y qué no. Poder vivir totalmente dentro de su realidad económica. Si no hay para comprar algo simplemente no se compra porque está fuera de la realidad. Así de sencillo. En la mayoría de los casos, y digo «mayoría» porque sí hay excepciones, en que los bancos tienen que embargar a quienes no cumplieron con sus deudas, porque esas personas adquirieron deudas que estaban fuera de su realidad económica. Y esto me lleva al tercer punto.

3) ¡CUIDADO CON LA DEUDA! En México comúnmente llamamos a la deuda «droga». Muchos dicen, «me endrogué», por decir, «me endeudé». Pues hay otra frase que va muy afín a esa: «DI NO a las drogas». La deuda es una espada de dos filos. Puede ser una bendición, pero para los que no la saben administrar correctamente puede ser la maldición más grande de su vida. Mucho cuidado con ella. No sea como la señora aquella que llegó a casa con un sinfín de bultos en la mano y le pregunta a su marido: —Amor, ¿con qué dinero compraste todo eso que tienes en la mano?, porque, hasta donde yo me acuerdo, no teníamos dinero. —No te preocupes mi vida, porque todo esto lo va a pagar la compañía llamada VISA —contestó ella ingenuamente.

Nadie le había explicado que VISA sólo le presta el dinero por un tiempo y que después el marido (ingenuo por haberle dado una tarjeta sin explicarle cómo se usa), tendrá que pagarlo TODO.

Vaya que las tarjetas de crédito han metido en muchos apuros a muchísima gente. Sépalas usar, si es que las tiene. Si no sabe administrarlas, le voy a dar un consejo que después me va a agradecer. Primero, tome unas tijeras que tengan un buen filo. Segundo, córtelas en mil trescientos pedazos (para que no las pueda volver a pegar) y tercero, póngalas en una de esas cosas que la mayoría llamamos «cestos de basura», para que nunca se vuelva a juntar con ellas.

4) NUNCA ADQUIERA COMPROMISOS QUE NO PUEDA CUMPLIR. Santiago 5.12 dice: «Que vuestro sí sea sí, y vuestro no sea no, para que no caigáis en condena-

ción». Nunca terminaríamos de hablar de las personas que viven en constante condenación por haber adquirido compromisos que nunca pudieron cumplir. Por eso es importante medir bien las cosas antes de comprometernos con nuestra palabra (Eclesiastés 5.4,5). Es mejor que digamos un «no» si sabemos que es algo que no podemos cumplir. Y si dimos un «sí» ¡cumplamos aunque nos duela! Muchas personas dan un «sí» sólo para quitarse de encima a la persona que está buscando que nos comprometamos, sin la más mínima intención de cumplir con lo que están diciendo.

¡Eso se llama mentira! y la Biblia dice que el padre de todas las mentiras es uno sólo: Satanás (Juan 8.44). No sé si a usted le interese tener al diablo de padre, pero yo, ¡definitivamente NO!

5) EL MAYORDOMO NO LE DICE A NADIE MÁS QUE AL AMO DE LAS NECESIDADES EXISTENTES. Qué importante es aprender a llevar todas nuestras ansiedades a Él, porque Él tiene cuidado de nosotros (1 Pedro 5.7). Cuántos no hemos cometido el error de «expresar» nuestras necesidades con otros con la esperanza de que probablemente ellos sean el «medio» que Dios quiera usar para suplir nuestra necesidad. Tenga mucho cuidado. El buen mayordomo sólo le dice a su amo cuáles son las necesidades de la casa. ¡Nadie más tiene por qué saberlas! Son asuntos de la casa y no les incumbe a los vecinos. Llevemos todas nuestras peticiones delante del Señor. El escritor de Hebreos lo dice de la siguiente manera: «Acerquémonos, pues, confiadamente al trono de la gracia, para alcanzar misericordia y hallar gracia para el oportuno socorro» (Hebreos 4.16) Así que llegue con confianza delante del Señor y «dígale» todo lo que quiera.

Creo que hay algo que debemos mencionar aquí. Existe una gran diferencia en andar «expresando» a todo el mundo nuestras «necesidades» y el decírselas a una persona que nos ha preguntado, con genuino interés, cuáles son. La diferencia está en que la persona, no nosotros, ha abierto la puerta para saber de nuestras necesidades, probablemente porque ha sido movida por el Señor para bendecirnos. Muchas veces hay personas que quieren bendecir monetariamente a algunos ministerios, y preguntan cuáles son algunas de las necesidades para saber específicamente con qué cantidad bendecirlos. En esas ocasiones hay que ser receptivos porque es probable que esta sea la persona que el Señor ha enviado para suplir una necesidad en su ministerio. Pero los que siempre andan por todo lados «hablando» a todo el mundo de sus necesidades, sin que nadie se lo esté preguntando, parecen mendigos y no siervos del Altísimo Rey. Tenga cuidado.

6) CUIDADO CON LOS NEGOCIOS FRAUDULENTOS. Por desgracia tenemos que reconocer que hay muchas personas que ambulan por ahí, y que no tienen el más mínimo interés en ser una bendición al Cuerpo de Cristo, sino que quieren ver cuánto pueden sacarle. Se inventan toda clase de negocio con el fin de ganar dinero. Evite a esas personas con sus fraudulentas ideas como si fueran el cólera. La mejor manera de saber si algo es fraudulento es viviendo en relación con personas que le puedan servir de buenos consejeros, y con quienes usted pueda hablar de ese «negocio» y escuchar el consejo de quienes lo aman y lo apoyan. Una regla de oro que hay que seguir con respecto a las decisiones económicas que tomamos en el ministerio es la siguiente: «Que todas mis decisiones económicas sean tan sanas y tan buenas que no tenga pena en rendir cuentas a quienes me las pidan». A esto yo le llamo «la prueba de la transparencia total». Todo el mundo debe poder ver nuestra contabilidad sin que nos dé pena, y sin que nos incomode. Debe ser un libro abierto y leído por todos, porque hemos tenido el cuidado de tomar buenas decisiones económicas que no nos avergüencen. Si usted

no puede hacer esto, ¡OJO! algo anda mal. Termino este punto citándole Amós 8,4-7:

> Oíd esto, los que explotáis a los menesterosos, y arruináis a los pobres de la tierra, diciendo: ¿Cuándo pasará el mes, y venderemos el trigo; y la semana, y abriremos los graneros del pan, y achicaremos la medida, y subiremos el precio, y falsearemos con engaño la balanza, para comprar los pobres por dinero, y los necesitados por un par de zapatos, y venderemos los desechos del trigo? Jehová juró por la gloria de Jacob: No me olvidaré de todas sus obras.

De ahí en adelante el Señor prosigue a describir cuál va a ser el fin de todos esos hombres fraudulentos, y no es un cuadro muy bonito. ¡CUIDADO! Que Dios permita que en nuestra vida sólo actuemos con la trasparencia y rectitud que demanda de nosotros la Palabra de Dios.

Recuerde: para usted y para mí, NO HAY HEREDAD. De una buena vez, hagámonos a la idea, y después de entenderla, empecemos a vivir de esta manera radical y alocada llamada «confianza total».

Nunca quitemos nuestros ojos de nuestro Señor para ponerlos en cualquier otra cosa. Le recuerdo que no importando cómo estén las economías de la tierra, la del reino de los cielos se maneja de otra manera totalmente distinta, bajo otra serie de reglas (sembrar y cosechar, dar para recibir). Ninguna de las economías, por malas que estén, pueden detener el crecimiento del reino de los cielos, porque esta economía está dirigida por un banco eterno cuyo dueño es el que HIZO el oro y la plata. Confía en Él y Él hará (Salmo 37.5).

El salmista David dijo en una ocasión:

> Joven fui, y he envejecido, y no he visto justo desamparado, ni su descendencia que mendigue pan (Salmo 37.25).

7

EL MÚSICO COMO SACERDOTE

EN ESTE Y EN LOS PRÓXIMOS dos capítulos estaremos viendo algunas de las funciones bastante serias que tiene el músico en su ministerio. Por demasiado tiempo muchos músicos hemos tenido la idea de que «sólo» tocamos, cantamos. Al estudiar más de cerca el ministerio de la música nos damos cuenta de que tiene mucha más responsabilidad de la que algunos hemos querido aceptar. Como en todo el Señor espera que tomemos muy en serio los dones y habilidades que ha depositado en nosotros. No es algo que debemos tomar a la ligera, sino con absoluta seriedad. Al estudiar algunas de las tareas que se esperaban de los sacerdotes del Antiguo Testamento, nos daremos cuenta de lo serio que es nuestro ministerio neotestamentario, y como ya lo he dicho antes, aún más serio por todo lo que significa ser un sacerdote del nuevo pacto. La palabra «sacerdote» tanto en el hebreo *kohen* como en el griego *hierus* y en el latín *sacerdos* «denota a alguien que ofrece sacrificios».[1]

El Señor nos dice que los que somos sacerdotes del Nuevo Testamento tenemos la responsabilidad de ofrecer «sacrificio de alabanza» (Hebreos 13.15). Esta es nuestra

[1] M.G. Easton en su «Illustrated Bible Dictionary», Baker Book House, p. 576.

tarea y una de nuestras responsabilidades. Ya no se ofrecen animales y sacrificios de sangre como se hacía en el Antiguo Testamento, ahora nuestros sacrificios son espirituales; y se ofrecen desde el altar de nuestro corazón con toda humildad, sinceridad y seriedad al Señor en agradecimiento, rendimiento, y humillación delante de Él. Esto es algo que le corresponde a todo cristiano del Nuevo Testamento, no tan sólo a los músicos. A *todos* se nos hizo reyes y «sacerdotes» por medio de Jesucristo (1 Pedro 2.9; Apocalipsis 1.6 y 5.10). Esto lo debemos considerar como un privilegio, una dicha y una responsabilidad. No se nos debe olvidar que bajo el antiguo pacto sólo se le permitía entrar al sumo sacerdote delante del trono de Dios. Pero ahora por medio de la sangre preciosa del Cordero perfecto, usted y yo podemos entrar y tener comunión con Él y estar con Él. ¡Qué deleite! ¡Qué bendición! Desgraciadamente, pocos lo aprovechamos como Él Señor quisiera, pero espero que esto cambie.

Al ofrecerle sacrificios durante esos momentos muy intensos de estar en la presencia de Dios podemos ver varias instancias en la Biblia en las que la música es parte fundamental en lo que se estaba celebrando. Podríamos hablar de la ocasión en que están dedicando el templo de Salomón (2 Crónicas 5.13,14), que fue un momento muy precioso e íntimo en la presencia de Dios y donde la música jugó un papel fundamental en lo que acontecía. En otra ocasión cuando el rey Josafat estuvo delante del Señor para pedir su consejo acerca de salir o no a la batalla en contra de los moabitas y amonitas, hubo cántico y música en gran manera (2 Crónicas 20.18-22). También cuando vemos al rey Ezequías restablecer el culto en el templo hay música y cantos, directamente relacionados con los sacrificios de holocausto y expiación (2 Crónicas 29.27-29). La música es parte fundamental en la expresión del pueblo del Señor y en el desarrollo de los sacrificios que hacemos los sacerdotes hacia Él. La *manera* de entrar a su presencia es con acción de gracias y con alabanza (Salmo 100.4). Este es el «protocolo» para ir delante de Él. Por eso los músicos tenemos una responsabilidad muy grande al ofrecer los «sacrificios de alabanza», ya que por medio de la música hemos visto a muchas personas recibir gran bendición de ella al estar en la presencia del Señor.

De la misma manera hemos visto que en ocasiones, por causa de algunos músicos mal preparados y con poco entendimiento de su papel en la presencia de Dios, ese tiempo que debe ser íntimo y precioso con el Señor se pierde totalmente, terminando en confusión y caos total. Por eso es muy importante que los músicos veamos nuestro lugar en el Cuerpo con mucha más seriedad y entrega, porque al igual que todos los demás hermanos y hermanas somos sacerdotes del Nuevo Testamento. Creo que hay mucha gente que no ha tomado en serio el ministerio de la música, simplemente porque somos muchos en dicho ministerio que no lo hemos tomado en serio. Cuando las personas pueden darse cuenta de que ni nosotros lo tomamos en serio y que no hay entrega, disciplina y formalidad de nuestra parte, ¿por qué habrían ellos de tomarlo en serio?

Quiero hacer referencia a un pasaje muy interesante que se encuentra en Ezequiel 44, pero antes, permítame hacerle un comentario para aclarar algo. Al estar estudiando sobre el sacerdocio en la Biblia me di cuenta de que hay mucha polémica entre los teólogos con respecto a la diferencia entre los «sacerdotes» y los «levitas», porque unos y otros tenían distintas responsabilidades, y que uno de los pasajes complicados para ellos es precisamente este que vamos a ver en Ezequiel. Los teólogos no se han puesto de acuerdo sobre ese punto, así que usted y yo no nos vamos a preocupar mucho al respecto, sino que vamos a aprender algo sencillo que el Señor quiere hablarnos a través de la profecía dada a Ezequiel. Al estudiar este pasaje, le quiero recordar que este libro no es una exposición teológica sino inspiracional, y que estamos tomando este y muchos otros pasajes de la Biblia para reflexionar y meditar sobre algunas enseñanzas que los mismos exponen, con la esperanza de que esas lecciones puedan ayudarnos a ser personas más comprometidas a nuestra vocación como sacerdotes y ministros en la música. Permita que el Espíritu Santo le hable a través de este pasaje.

Mas los sacerdotes levitas hijos de Sadoc que guardaron el ordenamiento del santuario cuando los hijos de Israel se apartaron de mí, ellos se acercarán para ministrar ante mí, y delante de mí estarán para ofrecerme la grosura y la sangre, dice Jehová el Señor. Ellos entrarán en mi santuario, y se acercarán a mi mesa para servirme, y guardarán mis ordenanzas (Ezequiel 44.15,16).

El libro de Ezequiel se divide en cuatro partes principales:

1. Primeras visiones y llamamiento de Ezequiel (1.1; 3.21).
2. Profecías y visiones de la destrucción de Jerusalén (3.22; 24.27)
3. Oráculos de condena contra las naciones circundantes (25.1; 32.32)
4. Profecías de restauración (33.1; 48.35)

El pasaje que hemos visto se encuentra en la sección de las profecías de restauración. Precisamente esto es lo que pretendía Cristo al dar su vida en la cruz del Calvario: restaurar la relación rota entre Dios y el hombre, y restaurar al pecador, dándole perdón y vida eterna. La obra de Jesús casi se puede resumir en esta sola palabra: restauración. Las profecías y las visiones que tenía Ezequiel fueron dadas por Dios para mostrar al pueblo cuáles eran las cosas que Él iba a restaurar después de librarlos de la esclavitud.

De esto vamos a aprender algo: Dios quiere restaurar ciertas cosas a su pueblo que se perdieron a causa de la esclavitud. Recuerde que por medio de Jesús, Él no tan sólo restauró esto que veremos a continuación, sino muchísimo más, al grado de que podemos vivir «vida en abundancia» (Juan 10.10). Vamos a ver algunos detalles del pasaje que acabamos de leer.

1) Los levitas hijos de Sadoc eran descendientes de aquel sacerdote que cuando hubo una rebelión en 1 Reyes con el hijo del Rey David, Adonías, quien quiso usurpar el trono de su padre, se mantuvo firme y fiel al lado de David y no abandonó su puesto en el templo, sino que lo protegió y continuó al servicio del mismo. Dios reconoció la fidelidad de Sadoc a través de recompensarle a sus hijos con una bendición muy especial: el privilegio de ministrar cerca de Él. La lección clara para nosotros es que Dios recompensa a los que permanecen fieles en el lugar en que los ha puesto, y que no andan siguiendo tras otros rebeldes que lo único que quieren es tener autoridad y esplendor que no les corresponde. Sea dicho de paso, el otro sumo sacerdote en esta historia que se llamaba Abiatar, siguió a Adonías y tuvo como recompensa por su infidelidad el ser «echado del sacerdocio» a manos del rey Salomón (1 Reyes 2.27). ¿Quieres tener el lugar de privilegio y de bendición, cerca del corazón de Dios? ¡Sé fiel! Dios recompensa la fidelidad.

2) *Se acercarán para ministrar ante mí, y delante de mí estarán para ofrecerme la grosura y la sangre[...] ellos entrarán en mí santuario.* Nuestra tarea como sacerdotes es acercarnos y ministrarle a Él. Debemos ofrecerle la «grosura y la sangre», en otras palabras los sacrificios, que ahora

sabemos y entendemos que para nosotros los ministros del nuevo pacto son los sacrificios espirituales de alabanza, según el pasaje que leímos en Hebreos 13.15. Todo lo demás que hacemos en nuestro ministerio es bueno, quizá podríamos decir hasta necesario, pero nuestra prioridad y responsabilidad es acercarnos a Él para estar delante de Él.

Muchos nos hemos comprometido en tantas otras cosas que tienen que ver con nuestro sacerdocio que hemos llenado nuestros días y noches, nuestras semanas y meses con muchas cosas que probablemente nos impidan tener el tiempo necesario y suficiente para poder estar delante de Él, como debiéramos. Creo que una de las razones por la que Dios dijo de David que era un hombre que conocía su corazón, fue porque este ocupó la mayor parte de su tiempo con el Señor. David desarrolló una profunda relación con Dios porque supo hacer la inversión que esto requiere: tiempo. ¿Estaremos dispuestos a hacer lo mismo? ¿Será porque estamos tan «ocupados» con tantas otras cosas que muchos de nosotros no experimentamos más de la presencia y del poder del Señor? ¿Será que Dios nos está haciendo un llamado a hacer a un lado mucho de nuestro «activismo» y que le dediquemos más tiempo a Él? Decídalo por su propia cuenta. Deje que el Espíritu Santo le hable. Pero si usted es un sacerdote de este nuevo pacto, el Señor desea que suba para estar «delante de Él» y ofrecerle sacrificios de alabanza. Él desea que usted entre en su presencia para «ministrar delante de Él». Tome un momento y piense en todas las actividades que «tiene» que desarrollar diariamente. Vea si algunas de ellas se pueden eliminar o acortar, de tal manera que pueda tener más tiempo para ejercer su primera y más importante tarea: estar con el Señor. Recuerde que desde el principio del tiempo esto es lo que ha deseado el Padre. Él nos formó y nos hizo para tener comunión con nosotros. No puso la música en nuestras manos para que tuviéramos gloria alguna de ella, sino para que Él pudiera recibir gloria, que se pudiera deleitar por esos dones que Él regaló. Sin embargo, muchos nos dedicamos tanto a desarrollar nuestros ministerios o nuestros dones que se nos olvida para qué fueron puestos en nuestras vidas. Démosles el uso correcto: que Él reciba honra, deleite y placer de lo que nos ha dado. Haga a un lado algunas cosas, o haga más tiempo en su día (levántese más temprano cada mañana, por ejemplo) para estar con el Señor, pero no pierda la oportunidad de hacerlo. Él lo desea.

Entrar a su «santuario», como lo dice en la primera parte del versículo 16, es tener el privilegio de estar donde Él vive. En una ocasión junto a muchos otros de mis colegas en el ministerio tuve la dicha de ir a la casa presidencial en la Ciudad de México, y pasar una tarde en la presencia de nuestro presidente, en una comida que ofreció a los ministros evangélicos de nuestro país. Si me pregunta que si estuve emocionado, le diría que no, porque estuve ¡desbordado de la emoción! ¿Cuántos de los que vivimos en países tan grandes como lo es México tenemos la oportunidad una vez en la vida de comer con el presidente? No muchos. Fue una ocasión muy especial que recordaré toda la vida. Ahora, ¡imagínese que diariamente tenemos el privilegio de entrar a la casa del gran Dios del universo! Esto no hay que desaprovecharlo ni tomarlo a la ligera.

El «santuario» es cualquier lugar donde mora la presencia de Dios, y como sacerdotes nos ha dado la dicha de poder estar en su santuario. Algunos están diciendo: «Pero si Dios está en *todos* lados, ¿cómo es esto, entonces de "estar" donde Dios está?» Bueno, sencillo. Sí es cierto que Dios está en todos lados porque es omnipresente, pero no en todos lados se le reconoce y se le da un lugar de importancia. El «subir» a su santuario o habitación sólo es una manera figurativa de decir que reconocemos Su presencia y le damos un lugar para que pueda obrar con libertad en nuestras vidas. Simplemente, es tener comunión con Él, y estar con Él, como tanto lo desea. De ninguna manera estoy tratando de decir que hay que ir a cierto lugar donde «mora» Dios, digo que dondequiera que usted esté puede hacer un «santuario», y estar con el Señor con sólo darle un lugar, reconocer su presencia en ese lugar y permitirle que obre en ese momento. Así que... entre a su santuario.

3) «Se acercarán a mi mesa para servirme». Esta es una de las partes de este pasaje que más me gusta, porque me viene a la mente la imagen de nuestro Señor sentado en una gran mesa y nosotros a su alrededor asegurándonos de que no le falte nada. Cuando una persona es bien servida está contenta. Cuando es mal servida, hay malas consecuencias. Pensemos, por unos momentos que nosotros somos los que servimos en la mesa del Señor, «meseros», «camareros», «mozos» o como usted los llame en su país. Él está sentado ante una gran cena y nosotros tenemos la responsabilidad de servir a los que están en la mesa. ¿Cómo nos calificaría el Señor? Un camarero tiene la tarea principal de asegurarse de que los convidados de la mesa estén bien atendidos y que no les falte nada. Esto requiere mucha atención, dedicación y sensibilidad. Hay algunos que hacen un trabajo extraordinario sirviendo, y hay otros que necesitan mandarlos al cementerio de los camareros porque dan un servicio pésimo. Todos hemos tenido experiencias buenas y malas en el servicio que nos han dado cuando hemos acudido a algún establecimiento gastronómico.

Recuerdo un camarero especialmente frío y con cara de «pocos amigos» en cierto país que visitábamos mi esposa y yo. Se me ocurrió pedirle un vaso con agua. Nunca lo debí haber hecho. Después de la tercera vez de pedírselo al pasar cerca de nuestra mesa (porque ni se dignaba en detenerse para darnos una atención), se paró bruscamente y con voz airada me dijo: «Lo escuché las primeras tres veces que me lo pidió. Espérese un momento y se lo traigo». Casi como si me estuviera diciendo: «No sea tan impaciente, ¿no ve que tengo mucho trabajo?» Miriam y yo nos quedamos helados, como si nos hubieran echado un balde de agua fría. ¡No lo podía creer! La tarea de este señor era servirnos, y nos regañó porque no lo estaba haciendo. ¿Quién se lo pudiera imaginar? Cuando por fin llegó con el famoso vaso de agua, casi me lo tira en la cara y dio media vuelta lo más rápido posible, retirándose de nuestra mesa, sin preguntarnos si se nos ofrecía alguna otra cosa... *nada*. Con el permiso suyo, a este señor lo califico sin duda como un mal camarero. Lo que es más, a la hora de la propina se nota la calificación. Buen mesero, buena propina. Mal mesero, mala propina. Buen servicio en un restaurante, mucha gente. Mal servicio en un restaurante, poca gente. Si usted entra a un establecimiento de estos a la hora normal de la comida y nota que hay muy poca gente, tome nota. Es probable que no hay buen servicio. Los mejores restaurantes siempre son los que tienen lista de espera por la cantidad de gente que quiere entrar para ser servido. En esos lugares pareciera que los camareros tienen el don de discernimiento, porque en el instante en que a uno se le está terminando el agua, ahí está inmediatamente uno de ellos llenándole de nuevo el vaso. Recuerdo el servicio que nos dieron aquel día en la casa presidencial «Los Pinos». ¡Qué manera de servirnos! ¡Qué atención! Esos camareros son de los mejores que he visto. Pero en la mesa presidencial hubo uno de ellos que brillaba por su atención: el que le servía al señor presidente. Tenía los ojos constantemente puestos en el presidente y en lo que le hacía falta. ¡Qué manera de atender y de servir!

¿Cómo nos calificaría el Señor? Seremos sensibles a lo que desea, o nos está teniendo que pedir mil veces que hagamos algo antes de hacerlo. Quiero decirle que Dios también da propinas, y si usted está acercándose a su mesa para servirle y lo hace bien, no tendrá que preocuparse de que le den muy buenas propinas. Las propinas del Señor son abundantes y generosas. Sólo que está buscando a quién dárselas, porque muchos de sus «siervos» están «sirviendo» otras «mesas» y no la suya.

4) _«Guardarán mis ordenanzas»_ No podemos disfrutar de los privilegios sin cumplir con las responsabilidades. Esto es un principio de la vida en general, y especialmente de la vida espiritual. Recuerde que en el contexto del pasaje que estamos estudiando, los privilegios que hemos visto eran para aquellos que habían sido sacerdotes fieles. Usted y yo necesitamos establecer en nuestra vida las ordenanzas del Señor, y ser fieles a ellas para poder entrar a su santuario y servir en su mesa. No hay privilegio sin responsabilidad.

En conclusión: Músicos, somos sacerdotes, igual que todos nuestros hermanos y nuestras hermanas en el Señor. Pero tenemos un lugar muy visible, sobre todo en lo que respecta a la «asamblea de los santos», y es por eso que debemos ver con ojos de mucha seriedad ese papel. Podemos ser instrumentos de bendición al estar participando en los «sacrificios de alabanza», o podemos ser instrumentos de confusión y desorden, si no tenemos la sensibilidad adecuada en el momento de ofrecer los sacrificios. Por eso es que tengo la convicción personal de que poner a un músico novato y recién convertido a Cristo sobre una plataforma, para asistir en los sacrificios de alabanza al Señor es un error que sólo traerá problemas al liderazgo y confusión al músico, porque no ha tenido la instrucción ni el tiempo necesarios para poder aprender lo que es ser un músico consagrado al servicio del Señor. Muchos han regresado al mundo porque algunos les hemos dado posición y plataforma antes de tiempo. ¡Mucho cuidado! El músico necesita crecer y conocer de la Palabra igual que todos los demás miembros del Cuerpo de Cristo antes de ponerlos en lugares de liderazgo (1 Timoteo 3.6). Un problema es que en muchas congregaciones hay escasez de buenos músicos, y en el momento en que alguno se convierte lo primero que quieren que haga es que se suba a tocar. Es preferible tener una música no tan bien ejecutada por una persona con el corazón correcto que tener una música extraordinaria tocada por personas que no entienden lo que es ministrar en la presencia del Señor los sacrificios de alabanza. Si ese músico se convierte, ¡gloria a Dios! Pero no lo ponga en un lugar visible hasta que haya tenido la oportunidad de discipularlo y de pasar mucho tiempo con él, enseñándole a ser un sacerdote del nuevo pacto, haciéndole ver y entender que el don y la capacidad que Dios le dio en la música no sirve para «entretener» a la gente sino para ministrar delante del Señor y para traer resultados poderosos en el Espíritu. Pase mucho tiempo con ese músico, porque puede resultar que sea una de las mejores inversiones de tiempo que haya hecho. Puede resultar que sea un gran y fiel sacerdote en el reino del Señor.

¡Somos sacerdotes! Tenemos un lugar muy importante dentro del reino para contribuir o para destruir. Usémoslo para contribuir, para traer bendición, para servir y para ministrar delante de Él los sacrificios espirituales.

Quiero terminar este capítulo con un hermoso pasaje que escribe el apóstol Pedro:

> *Vosotros también, como piedras vivas, sed edificados como casa espiritual y SACERDOCIO SANTO, para ofrecer SACRIFICIOS ESPIRITUALES aceptables a Dios por medio de Jesucristo» (1 Pedro 2.5; énfasis mío).*

8

EL MÚSICO COMO PROFETA

¿SERÁ UN ATREVIMIENTO sugerir que un músico o cantante pueda ser profeta o estar involucrado en actividad profética? La mayoría de los músicos que he conocido no se han percatado de la relación estrecha que existe entre estos dos aspectos. A la luz de la Palabra, me atrevo a decir que la música es casi cien por ciento profética en su naturaleza. También hay otros aspectos importantes relacionados con ella como por ejemplo la enseñanza y la exhortación. Una gran mayoría de la música que figura en la Biblia tiene una fuerte relación con lo sobrenatural, lo espontáneo y lo profético. Existe una dimensión profundamente espiritual que muchos aún no hemos alcanzado en la música. Es una dimensión donde el Señor obra *a través* de ella *usándola* como un medio importante para hacer cosas poderosas que Él desea. Para poder entrar en esta dimensión es importante que como músicos y ministros de alabanza, ya sea en el canto, en dirigir o en tocar algún instrumento, conozcamos más acerca de esta dimensión, y comencemos a desear que esas profundidades existan en nuestra música y en nuestro ministerio. No debemos estar satisfechos con lo que hemos podido lograr en nuestra música hasta ahora, sino que debemos tener un deseo ardiente de que cada vez más el Señor se manifieste a través de ella. Algunos cometemos el grave error de permanecer en un estado de «contentamiento» con lo que hemos podido hacer en el pasado, pero creo que Dios quiere continuar usándonos de una manera aún más poderosa, llevándonos a un nuevo nivel en las altura de su Espíritu. Un nivel en el que Él realmente esté en control de nuestras vidas, de nuestros talentos y de nuestras habilidades, en el que las pueda usar para hacer obras poderosas en el Espíritu que jamás podríamos realizar usted y yo en nuestras propias fuerzas. Estoy convencido de que esta es una de las razones por las cuales Él creó la música. Y aún estoy más convencido de que no la creó con el fin de «entretener» a la gente para que se la pasara a gusto escuchando sonidos bonitos. Esto no se observa en ningún lado de la Biblia. La música tiene un propósito mucho más poderoso y es lo que vamos a ver a continuación.

De acuerdo con los comentaristas que consulté para conocer bien la definición de la palabra «profeta», todos coinciden en estos dos aspectos: 1) un portavoz de la Palabra de Dios, y 2) un vaticinador que trae «amonestaciones y palabras de aliento relativos al porvenir» [1] Un vaticinador (para los que nos gusta el español simplificado) es alguien que predice lo que sucederá en el futuro. Me interesó la definición de la palabra «profeta» en el Diccionario Larousse: «Persona que anuncia la palabra divina o el futuro por inspiración sobrenatural». Me gustó porque la entendí todavía mejor.

En base a estas definiciones podemos ver que la música sí puede ser profética, porque lleva la Palabra de Dios, anuncia una palabra divina por inspiración sobrenatural, y porque mucha música debe hablar por parte de Dios acerca de lo que Él desea decirle a su Iglesia con respecto al futuro a través de «amonestaciones y palabras de aliento». Más interesante, aún es conocer acerca del elemento de «inspiración sobrenatural» en la mayoría de la música

---

1   *Nuevo Diccionario Bíblico*, Ediciones Certeza, pp. 1120,1121.

que se ha compuesto a través de las edades. Todos los compositores cristianos le dirían que la mayoría de sus canciones fueron compuestas bajo la inspiración del Espíritu Santo. De hecho, las mejores canciones y los mejores himnos que se han escrito en la historia de la Iglesia cristiana se compusieron en momentos de intensa comunión con el Señor a raíz de alguna situación que vivió el compositor. La historia de la himnología cristiana es muy interesante porque hay relatos increíbles de cómo nacieron muchos cantos. Aun los compositores contemporáneos, casi sin excepción, le pueden decir que cada canción, cada alabanza o cada melodía que se compone en la actualidad tiene detrás de ella una historia de algo que vivió el compositor o de algo que el Señor estaba tratando en su vida en el momento de escribir dicha canción. En fin, el elemento de «inspiración sobrenatural» en la música cristiana es uno más de los muchos indicadores que señalan que la música tiene una naturaleza bastante profética.

MÚSICA Y PROFETAS

Vamos a estudiar la estrecha relación que existe en la Biblia entre lo profético y lo musical. Queremos mencionar a varias personas que usaron la música para profetizar o que eran profetas músicos. También vamos a ver un caso muy interesante en que Dios utiliza la música para predecir algo.

1) Cuando pensamos en los profetas relacionados con la música quizá las personas que vienen a la mente antes que nadie serían Asaf, Heman y Jedutún. Ellos eran los músicos principales bajo las órdenes del rey David, después de traer el arca del pacto de nuevo a Jerusalén. Dice 1 Crónicas 25.1: *Apartaron para el ministerio a los hijos de Asaf, de Hemán y de Jedutún, para que profetizasen con arpas, salterios y címbalos.* Después en el versículo 2 dice: *Asaf, el cual profetizaba bajo las órdenes del rey.* Y de Jedutún dice en

el versículo 3: *Jedutún, el cual profetizaba con arpa, para aclamar y alabar a Jehová.* A través de los años he escuchado varias versiones de cómo era este fenómeno. Unos dicen que estos músicos profetizaban con sólo tocar sus instrumentos. Es decir, que la música misma era profecía, sin hacer uso de las palabras. De esto realmente no se qué pensar. Aunque es cierto que la música puede tener algunas características que denotan ciertas emociones y/o sentimientos, y de esta manera llevan, intrínsecamente algún mensaje, igualmente creo que para que sea propiamente una profecía debe haber algún mensaje hablado, claro y entendible. Otros dicen que lo que quiere decir este pasaje es que el profeta cantaba las profecías, y se acompañaba de música para cantarlas. Aun otros dicen que con los instrumentos tocaban música de fondo mientras declaraban alguna palabra profética. Sea como sea, es un pasaje que comprueba que la música y lo profético pueden ir de la mano. En otro pasaje a Jedutún le llaman el «vidente» del rey (2 Crónicas 35.15), igual que a Hemán en 25.5.

Generalmente se entiende que un vidente es alguien que recibe visiones del Señor para comunicarlas a los demás. Es un ministerio muy similar al de la profecía, ya que los dos son de naturaleza sobrenatural para traer mensajes directos del Señor al pueblo. El caso es que se utilizaba la música de alguna manera para proclamar las palabras y las visiones que Dios daba a su pueblo. Puede ser que todas las versiones que acabamos de ver sean ciertas; lo que sí sé es que estos pasajes me dan a entender que la música tiene una relación directa con la profecía.

2) Uno de los descendientes de Asaf llamado Jahaziel era profeta, y se cree que también era músico por el hecho de que desde el tiempo de Asaf todos sus hijos fueron separados para el ministerio de la música. En 2 Crónicas 20.14 vemos a Jahaziel profetizando la victoria del rey Josafat sobre los moabitas y los amonitas.

3) Uno de los acontecimientos más interesantes para mí tiene que ver con el reconocido profeta Eliseo. La mayoría de teólogos y comentaristas generalmente creen y aceptan que desde los tiempos de Samuel hubo una «orden profética», es decir una línea de profetas que eran entrenados para dicho ministerio. Casi todos concuerdan en que hubo lo que se llaman una «escuela de profetas» donde vivían juntos los jóvenes deseosos de aprender este ministerio, y donde se les enseñaba los rudimentos del mismo. Se comenta, que en el tiempo de Elías fue cuando hubo una proliferación de las escuelas de los profetas y de jóvenes que aprendieron bajo su tutela. Algunos creen que en las escuelas de los profetas era obligatorio aprender a tocar un instrumento músical. Lo que se sabe a ciencia cierta es lo que voy a mostrar a continuación: En una ocasión Eliseo quería profetizar por parte del Señor, y pidió que le trajeran a un músico para poderlo hacer. El pasaje se encuentra en 2 Reyes 3.15, 16: «Mas ahora traédme un tañedor. *Y MIENTRAS EL TAÑEDOR TOCABA*, la mano de Jehová vino sobre Eliseo, quien dijo» (énfasis mío). Cosas poderosas *pueden* suceder cuando hay un «tañedor» (músico) que sepa tocar bajo la unción del Señor. Creo firmemente que la música es un elemento que libera la Palabra del Señor y sensibiliza el corazón del oyente para escucharla. La música, tocada por una persona sensible al Espíritu Santo y que entiende el poder que hay en ella, *puede* ser una increíble bendición. De la misma manera, creo que ha habido ocasiones en que hemos opacado la voz del Señor a causa de nuestra insensibilidad y desconocimiento respecto de la música profética. Eliseo fue un profeta que entendía que la música le podía servir en el propósito de hablar por parte de Dios. Ojalá nosotros fuéramos como Eliseo.

4) Otro incidente interesante en que vemos a la música directamente relacionada con la profecía es aquel donde

Samuel le profetiza a Saúl acerca de un grupo de profetas que estarían bajando del lugar alto, a quienes se uniría para profetizar también. Lo hallamos en 1 Samuel 10.5 y dice: «Y cuando entres allá en la ciudad encontrarás una compañía de profetas que descienden del lugar alto, y delante ellos salterio, pandero, flauta y arpa, y ellos profetizando». De nuevo, la música, los profetas y la profecía. ¡Interesante!

5) Otra de las pruebas fuertes de que Dios usa la música para comunicarse se encuentra en Deuteronomio 31. Una de las últimas cosas que haría Moisés antes de morir sería escribir un canto que le dio el Señor para enseñar a todo el pueblo. Es un canto profético en todos los sentidos, no tan sólo porque vino de «inspiración sobrenatural» sino también porque es una predicción de lo que sucedería en el futuro. El Señor quiso que Moisés lo pusiera en la boca de todo el pueblo para que les fuera de testimonio contra ellos mismos, en la hora de su apostasía. En 31.19 dice el Señor: «Ahora pues, escribíos este cántico, y enséñalo a los hijos de Israel; ponlo en boca de ellos, para que este cántico me sea por testigo contra los hijos de Israel». El versículo 22 dice: «Y Moisés escribió este cántico aquel día, y lo enseñó a los hijos de Israel». Dios se lo dictó y Moisés lo enseñó. Desde hace mucho tiempo Dios está usando la música para hablarle a Su pueblo. ¿Cuándo dejó de hacerlo? ¡*nunca*! Hasta la fecha Él sigue teniendo músicos fieles que le sirven de profetas para hablar a su pueblo. Espero que después de que usted lea este capítulo, Él tenga más por medio de quienes pueda obrar.

Otro pasaje más donde comprobamos que Dios usa la música y el canto es el de Sofonías 3.17 donde dice que el se «regocijará sobre ti con cánticos». En otras palabras, Dios también canta con gozo y muestra su deleite y placer en nosotros a través de la música y el canto. No hay manera de escapar. La Biblia lo comprueba, Dios mismo lo usa como un instrumento: La música es un elemento profético tanto para su pueblo como para los pueblos de la tierra.

UNA MÚSICA PODEROSA

Por mucho tiempo he tenido el sueño de que nuestra música alcance nuevas alturas en la presencia del Señor. Que esté tan saturada del Espíritu de Dios, que sucedan cosas poderosas al estar tocando y cantando. Sigue siendo un dato muy interesante el hecho de que David tocara su arpa en la presencia de Saúl y que el espíritu malo que atormentaba a Saúl huyera ante el sonido de la música. Creo que eran varios factores: 1) El corazón de David, el músico contrito y humillado en la presencia de Dios. Alguien que reconoce que lo sobrenatural no puede suceder en nuestras propias fuerzas sino en las fuerzas del Todopoderoso, es alguien que puede ser un canal por el que puede fluir el Espíritu Santo para traer liberación y bendición. 2) Un conocimiento por parte del ejecutante del poder que hay al tocar alabanzas al Señor. y 3) Una música divinamente inspirada y llena de la presencia de Dios, que al escucharla el espíritu malo reconocía una autoridad superior a la suya, de tal manera que no le quedaba otra alternativa que salir huyendo. ¡Ojalá que cada vez que usted y yo tocáramos eso sucediera! Le tengo que confesar que ese es mi deseo y mi pasión, es algo que le pido al Señor para mi música. Tengo un ardiente anhelo de que mi música esté tan llena y saturada de la presencia del Espíritu Santo, que al cantar y tocar alabanzas al Señor los demonios salgan huyendo, los enfermos sean sanados, los cautivos sean liberados, como una obra sobrenatural del Espíritu Santo al estarlo reconociendo por medio del canto y de la música. Que nuestra música lo exalte de tal manera que todos lo vean a Él y no a los que estamos cantando o tocando los instrumentos. Que sea levantado, y de esta manera atraerá a los hombres hacia Él (véase Juan 12.32). Esto me lleva al siguiente pensamiento.

Otra de las cosas que suceden en la música poderosa es que establece la verdad. Proclama la Palabra de verdad, la Palabra de Dios. En muchísimos salmos vemos que se proclaman verdades poderosas; son tantos que ni me atrevo a empezar a citarlos. Busque usted y verá una cantidad impresionante de Salmos que establecen verdades eternas, y recuerde que estos son cantos que tenían música. Los cantos de hoy deben declarar las verdades tanto del «logos» de Dios (su Palabra escrita, es decir la Biblia), como del «rhema» de Dios (su Palabra hablada), o sea la que muestra a sus profetas acerca de cosas que Él quiere enfatizar en ciertos momentos. El solo hecho de que nuestra música lleve un gran contenido de la Palabra la hace poderosa. No puedo contarle la cantidad de ocasiones en las que hemos estado cantando alabanzas que declaran los principios eternos de la Palabra de Dios, y en las que después de una brevísima invitación para conocer a Jesús como su Señor, los presentes toman decisiones que afectan sus vidas para toda una eternidad. ¿Qué será lo que les lleva a esta decisión? ¿Música hermosa y bien tocada? ¡NO! La presencia del Espíritu Santo en el lugar. Al estar cantando y declarando las verdades en las alabanzas, estamos dando lugar a que los que no han conocido a Cristo mediten en su condición espiritual, y la declaración de la verdad en ese lugar crea un ambiente propicio para el arrepentimiento. Es otro de los efectos de una música poderosa, llena de la Palabra de Dios, que puede producir un resultado eterno en las vidas de muchos.

Yo creo en la música para evangelización. Creo que tiene un lugar bastante importante en el reino. El canto y la música son un gancho bastante fuerte para atraer a las personas a cierto lugar, para entonces escuchar el mensaje de salvación. La Biblia apoya esto porque en ella vemos sólo dos usos para la música: 1) alabanza y adoración y 2) guerra. No hay otro uso para la música, bíblicamente hablando. Entonces, ¿dónde entra la música para evangelizar? Bajo guerra. La evangelización no es otra cosa más que guerra declarada en contra del reino de las tinieblas. Alguien describió a la evangelización de la siguiente manera: «Saquear al infierno para poblar el cielo». Creo que música interpretada por personas que saben lo que están haciendo, que conocen bien la presencia de Dios y con una letra basada en la Palabra puede ser un instrumento tremendo en traer almas para salvación. Pero hay que saber usar bien el arma.

No creo que Dios haya creado la música para entretenimiento. Esta es una idea que nos han querido vender algunos, que seguramente no se han tomado el tiempo ni la molestia de echar un vistazo a la Biblia para entender el verdadero propósito de la música. Dios no está interesado en entretener a nadie. El tiempo es demasiado corto, hay demasiado en la balanza como para estarlo perdiendo en entretener a su pueblo. Sí creo que Dios quiere que su pueblo tenga deleite al estar con Él, que disfrute de los momentos con Él, y que esos momentos sean de gran gozo, alegría y celebración. La Biblia habla ampliamente de esto. Pero la celebración y el gozo son muy distintos al entretenimiento. El gozarnos en su presencia trae resultados favorables a nuestro ser (fortaleza, Nehemías 8.10; medicina, Proverbios 17.22; rostro hermoso, Proverbios 15.13 etc.) Sin embargo, el entretenimiento es sólo pasar un buen rato, viendo alguna actuación de otros sin que esta produzca un efecto profundo en nuestro ser. La música poderosa que busco tiene que ver con que huyan demonios, sean liberados los cautivos y que se establezca la Palabra eterna de Dios aquí en la tierra.

La música del reino también debería ser famosa en «tierras extrañas», por ser excelente y poderosa. Me refiero a que debería tener los ingredientes de buena música, técnica y musicalmente hablando, además del contenido espiritual poderoso, de tal manera que los del mundo se den cuenta de que tenemos algo mucho más hermoso y especial. Desgraciadamente hay algunos músicos cristianos que en lugar de pasar tiempo conociendo la presencia del Señor y pidiéndole que sature a su música del Espíritu, se la pasan escuchando y estudiando la música secular para tratar de «estar a la altura de la música de hoy». Debería ser totalmente al revés. Los músicos seculares deberían escuchar *nuestra* música para tratar de llegar a su altura. Así fue en los tiempos bíblicos. Los de Israel eran famosos por su música, porque tenían algo que nadie tenía. Considere el Salmo 137, después de que los israelitas fueron llevados cautivos a Babilonia, los babilonios les pedían que cantaran sus cánticos (v. 3). Los israelitas no estaban «estudiando» la música de los babilonios para ver qué «aprendían», sino todo lo contrario: eran los babilonios los que querían escuchar las melodías de Israel, porque eran famosas en todo el mundo. Nuestra música *debería* ser un testimonio a las naciones como lo dice el Salmo 40.3 «Puso luego en mi boca cántico nuevo, alabanza a nuestro Dios. Verán esto muchos, y temerán, y confiarán en Jehová». Así debería ser. Una música con unción profética que transforme las vidas, que se oiga en las naciones, que levante a Jesucristo para que como resultado todos los hombres lleguen a Él. ¿Será así la música que tocamos usted y yo?

UN DESAFÍO

Espero que a estas alturas ya se haya dado cuenta de la suma importancia que Dios da al ministerio de la música. Si usted es músico como yo, debemos en primer lugar darle gracias a Dios, por el privilegio que nos ha dado de poder usar ese talento para Él. En segundo lugar, es tiempo de que acepte el desafío que el Espíritu Santo está lanzando los músicos de estos tiempos. Este desafío tiene que ver con reconocer el verdadero poder que tiene la música que reside en usted, usándolo para el avance del reino eterno de Jesucristo, y no como un pasatiempo común y corriente; y pidiéndole a Dios que sature su vida y su música con el poder sobrenatural de su Espíritu, para que cuando cante o toque pueda ser un instrumento, un catalizador del mover de Dios en las vidas de las personas. Es tiempo de comprender que somos guerreros y profetas musicales, seres poderosos en el Espíritu de Dios, llenos de su Palabra, hombres y mujeres de oración. Es tiempo de dejar a un lado la mediocridad, tanto espiritual como musical. Dejemos la mentalidad que reinó en nosotros por tantos años, de que no hay que prepararse más, ni hay que tocar mejor porque al fin y al cabo es «para la honra y gloria de Dios».

Permitamos que el Señor nos llene de la actitud y de la convicción de que precisamente porque nuestra música y nuestro canto es para Él, debemos hacerlo con toda excelencia y hermosura. ¡Adiós, espíritu de mediocridad! ¡huye! En el nombre poderoso de Jesús. Acepte el desafío de ser quien colabore con el Espíritu Santo, alguien que se mueve cuando Él se mueve. Alguien sensible a la voz y dirección de nuestro comandante. Alguien que sabe esperar cuando hay que esperar, pero al mismo tiempo alguien que sabe moverse cuando hay que hacerlo. Acepte el desafío de ser un profeta y vidente del Altísimo Rey, hablando las palabras que Él pone en nuestra boca, y difundiendo las visiones que Él da para la edificación de su Iglesia. Deje de ser ese músico tímido, pasivo y mediocre que no sabe qué es lo que el Espíritu está haciendo en estos días. ¡Levántese en el poder de la fuerza de Dios! ¡Cíñase de sus fuerzas! ¡Levante el rostro! ¡Tome esa arma poderosa que le ha dado el Señor, y que llamamos «música», y salga a la guerra para conquistar las naciones para Él! ¡Este es el desafío! ¡Acéptelo!

Quiero terminar este capítulo recordándole algo muy interesante. Si fuera la música en sí, la que pudiera cambiar y restaurar a la gente, entonces no tendríamos nada de qué hablar usted y yo. Porque si fuera así, cualquier persona tendría sólo que ir a un concierto en cualquiera de los miles de salones, teatros y salas que existen alrededor del mundo entero para tener una transformación. Pero usted y yo sabemos muy bien que millones de personas asisten diariamente a eventos musicales de todo tipo en el mundo, y sin embargo salen exactamente igual que como entraron. La música, en sí, no hace nada, no tiene poder. ¿Por qué será entonces que una persona que va a un lugar donde hay música tocada por algún grupito de músicos, quizá no tan bien como lo hacen en el Palacio de Bellas Artes, sale habiendo tenido un encuentro que cambiará el resto de su vida para siempre? ¿Cuál es la diferencia? Una sola: el Espíritu de Dios en la música. Si fuera tocar por tocar y cantar por cantar, el mundo ya hubiera tenido un cambio espiritual. No lo ha tenido porque la gente puede ir a miles de conciertos musicales para escuchar a los músicos más talentosos del mundo, pero si estos no tienen en su música el elemento poderoso que sólo puede traer el Espíritu Santo, nada va a suceder. ¡Busque que en su música esté la presencia del Dios Todopoderoso! ¡Sea un profeta musical!

9

EL MÚSICO COMO SIERVO

LA TAREA PRINCIPAL de los levitas del Antiguo Testamento se podría resumir en esta sola palabra: servicio. Eran personas dedicadas a servir al Señor, a su pueblo y a sus sacerdotes. Sus tareas en ocasiones no eran envidiables ni deseables, sino duras, difíciles y muchas veces hasta sucias. Eran personas que se ensuciaban las manos con las responsabilidades que les habían dado. De la misma manera necesitamos ser músicos que sepamos servir, trabajar y ensuciarnos las manos para el bienestar de otros. De eso quiero hablar ahora.

Si existe una urgente necesidad de algo entre los músicos, es la de un espíritu de servicio. Como lo hablamos en los primeros capítulos de este libro, el músico típico se caracteriza por su actitudes pesadas y desagradables, y no por su actitud de servicio y de entrega a los demás. La mayoría estamos tan preocupados en lo nuestro y en nuestras «carreras», o peor aun en nuestros «ministerios», que no nos queda tiempo para estar pensando en los demás. Son muy escasos los músicos que muestran un espíritu de entrega e interés en los asuntos de otros. Cuando veo uno de esta clase me dan ganas de ponerle un letrero que diga: «¡Cuídenlo! ¡Especie en peligro de extinción!» La verdad es que es un elemento especie muy raro que no se ve con frecuencia. La mayoría de los músicos están peleándose por posición, plataforma y visibilidad. Es triste, pero es cierto. Lo peor es que uno pensaría que esto sólo se da en los músicos seculares y no de la Iglesia, pero no, también se da entre los músicos «cristianos». No terminaría de contarle las historias que sé de músicos que han causado daños irreparables al Cuerpo de Cristo simplemente por no adoptar y vivir en un espíritu de servicio: relaciones rotas, vidas destrozadas, muchísimos malentendidos, confusiones, pleitos y divisiones provocados por una falta de conocimiento de lo que es ser un verdadero siervo.

La palabra «siervo» no es un título que alguien confiere a otro, sino que es un estilo de vida que esa persona vive diariamente. El siervo es alguien que se reconoce fácilmente, no porque todos le llamen así, sino porque sus acciones lo gritan por todos lados. En realidad el que es siervo no tiene necesidad de que se lo digan ni lo anda pregonando por dondequiera, porque su estilo de vida lo dice por él. Sé de muchos ministros a quienes les dicen «siervos», ya que esto es muy común en nuestra cultura cristiana, pero que lo único que tienen de siervos es el título, porque sus estilos de vida no reflejan lo que en verdad es el servicio. En muchos países, por ejemplo, a mí me llaman «siervo» porque me imagino que es una costumbre local denominar así a los ministros. Entiendo y acepto que esto se haya vuelto una costumbre. Cuando me dicen «siervo» me gustaría que mi vida reflejara que no es tan sólo un título de costumbre o respeto que alguien ha conferido sobre mí, sino que es una realidad en la que vivo diariamente. Otra de las cosas que sucede mucho en el ministerio tiene que ver con las presentaciones de los «siervos de Dios». Usted no puede imaginar las diferentes maneras que usan para presentar a los ministros antes de que prediquemos o tomemos la plataforma para participar en la reunión. Muchas veces cuando oigo todo lo que dicen de mí en momentos en que me están presentando antes de subir a la plataforma, pienso: «Cómo me gustaría conocer a la persona que están «presentando», porque no encuentro ninguna relación entre la persona de quien están hablando y yo. En una ciudad de Sudamérica el hermano que me presentaba se emocionó tanto que hasta me dio el título de «doctor». No pude evitar el sonreír al escucharlo, porque no tengo el honor de tener ese título ni real ni honorífico. Pero el hermano me lo dio, y le estoy agradecido. Bueno se lo comunico para que usted también se ría conmigo, y para que se entere de que no es el título de «siervo» lo que nos hace siervos, sino nuestra manera de vivir con los demás y de servirles.

Me causa mucho dolor ver a unos músicos peleándose por posición y visibilidad. Les tengo noticias a todos los que lo hacen. También es doloroso al Cuerpo de Cristo. No crea que la gente no se ha dado cuenta de nuestra rivalidad y del espíritu de competencia que ha existido en muchos. Son los primeros en enterarse. Esto ha traído mucho rechazo al Cuerpo de Cristo, y es tiempo de que los músicos de la «nueva generación» vayamos cambiando esto, tanto en nuestras propias vidas como en nuestros ministerios. La posición es algo con lo que batallan muchas personas. Desde los tiempos antiguos el hombre siempre ha estado peleando uno contra otro para poder obtener mejor posición. Estamos demasiado interesados en la posición, en que se nos «tome en cuenta», y en que la gente se fije en las grandes habilidades con las que hemos sido dotados... claro, todo para la honra y la gloria del Señor.

¡Posición! Todos buscan mejorar la suya. ¡Ser vistos! Todos quieren ser vistos. Sucedió algo muy interesante entre los discípulos de Jesús. La historia se encuentra en Mateo 20.20-28. Se los voy a relatar.

Sucede que los dos hijos de Zebedeo deseaban asegurarse de que iban a tener una buena posición en este «reino» del que tanto hablaba Jesús. Lo platicaron entre ellos (lo más seguro es que hubo un pleito entre ambos para decidir quién iba a tener cuál puesto), y luego le llevaron el caso a su mamá. Bueno, a la mamá le pareció genial la idea de que cuando Cristo se sentara sobre el trono de su reino, uno de sus muchachitos estuviera sentado en el lugar de privilegio y responsabilidad (o sea a la derecha de Jesús) y el otro sentado en otro lugar igualmente visible y muy importante (a la izquierda). ¡Imagínese como se verían las fotos que podría mostrar a sus vecinas, a los familiares y a los miembros de la congregación! Con orgullo podría decirle a todo el mundo que sus dos hijos eran el primero y segundo a bordo de este nuevo reino que se acababa de establecer. Mientras más la pensó, más atractiva se le hacía a la hermana Zebedeo la propuesta de los muchachos. Con esa posición y visibilidad de sus preciosos hijos, ella sería una mujer importante en el país. Entonces los tres, la mamá y sus dos hijos, decidieron ir a comentárselo a Jesús, seguros de que a Él también le parecería una espléndida idea, ya que le iba ser difícil al Señor encontrar buenos ayudantes, y pues, debería darle gusto que tuviera a estos dos voluntarios magníficos para el trabajo. Ah, y todo para la honra y la gloria del Señor...

Después de mostrarle todo el plan al Señor, Él les hizo unas preguntas (¿podéis beber del vaso que yo he de beber, y ser bautizados con el bautismo con que yo soy bautizado?), a las que contestaron con entusiasmo, pensando que estaba sellado el trato, asegurándole al Señor que ellos eran los candidatos perfectos para la posición. Al mirar el corazón de ellos, y el de sus demás discípulos, Jesús se dio cuenta de que era hora de sentarse a hablarles de lo cambiaría para siempre el rumbo de su reino si tan sólo hubieran entendido lo que les quiso enseñar (parece que hasta la fecha algunos no lo hemos podido entender. Se dio cuenta de que todos sus discípulos estaban igualmente ansiosos de tener posición y plataforma, porque nos dice Mateo 20.24: «Cuando los diez oyeron esto, se enojaron contra los dos hermanos». Estoy seguro de que se enojaron porque a ellos no se les ocurrió antes la idea. Se enojaron porque no podían creer que estos dos muchachos «atrevidos» se hubieran adelantado al juego para pedirle las posiciones que todos los demás estaban anhelando. ¡Qué grupo tenía el Señor a su alrededor! Bueno, se parecen a muchos de los que tenemos a nuestro alrededor. Todos queriendo tener mayor y mejor visibilidad, haciendo campañas personales para asegurarnos esos lugares. Parece que no ha cambiado mucho hasta la fecha. Todo sigue igual, pero también pareciera que pocos hemos aprendido la lección que Jesús nos enseña:

> *Sabéis que los gobernantes de las naciones se enseñorean de ellas, y los que son grandes ejercen sobre ellas potestad. MAS ENTRE VOSOTROS NO SERÁ ASÍ, sino el que quiera hacerse grande entre vosotros será vuestro servidor, y el que quiera ser el primero entre vosotros será vuestro siervo; como el Hijo del Hombre no vino para ser servido, sino para servir, y para dar su vida en rescate por muchos» (Mateo 20.25-28 énfasis mío).*

«MAS ENTRE VOSOTROS NO SERÁ ASÍ»

Estas seis palabritas cambiaron el rumbo de la historia para nosotros. Con toda claridad el Señor nos dice que la forma en que se hacen las cosas en el mundo no se aplica en el reino de Dios, y que la manera en que se manejan las cosas del mundo no es la manera en que se deben manejar en el reino. Todo cambió con esa declaración que contiene seis palabras. Más bien, todo DEBERÍA haber cambiado. ¿Por qué entonces seguimos aferrados a querer hacer las cosas como las hacen los grandes y los que gobiernan las naciones? Pensamos que «como así lo hacen ellos, así lo debemos hacer nosotros». Por ejemplo, una de las frases que se ha escuchado en los últimos años en los círculos de la música cristiana es la frase que dice: «Es el estándar de la industria. Así lo hacen en la industria musical secular, así lo tenemos que hacer nosotros». Empecé a sentir que esta lección de Cristo debería aplicarse aun a la manera en que manejamos nuestros negocios, los que tenemos negocios cristianos, o más bien dicho los cristianos que tenemos negocios. ¿Por qué somos tan sensibles a cómo hacen las cosas en el mundo, cuando Jesús dijo que entre nosotros no las vamos hacer como ellos las hacen? Estas preguntas demanda una respuesta en nuestra vida. Si todos los músicos del mundo se portan y tratan a la gente de una manera, ¿por qué tengo que adoptar esos modales como míos? Prefiero hacer las cosas de manera diferente, como Jesús nos enseñó a hacerlas.

Por ejemplo, se dice en el mundo que para poder tener éxito en la industria musical hay que tener un «padrino», alguien reconocido, que tenga muy buenos contactos y que lo pueda «lanzar» al medio. Hace mucho tiempo llegó a mis manos una carta de una madre muy bien intencionada, pero que notablemente tenía la idea de que en nuestro ministerio, CanZion Producciones, hacíamos las cosas igual que en el mundo. En su carta me explicaba que su hija cantaba y que tenía gran talento y no dudo nada de lo que me mencionaba esta señora. Al final de su carta, llegó al grano del asunto y me decía: «Hermano, yo quiero que usted lance a mi hija al ministerio». Me quedé pensando... «¿Quiere que la .... lance......? Bueno.... ¿de dónde la lanzamos?...» Es una broma, pero sí me dejó pensando en que en el Cuerpo de Cristo aún falta conocer que los hombres no somos quienes «lanzamos» a nadie y necesitamos quitarnos esa mentalidad. Cristo se lo explicó a los hijos de Zebedeo de la siguiente manera: «El sentaros a mi derecha y a mi izquierda *NO ES MÍO DARLO*, sino a aquellos para quienes está preparado por mi Padre»

(v. 23; énfasis mío). Ni Jesús mismo está lanzando personas y regalando posiciones, esto es algo que sólo el Padre prepara y da. Quiero decirle lo siguiente: Si hay alguien entre nosotros a quien Dios está usando, casi le puedo asegurar que está en un lugar que el Padre le ha preparado. Si Dios escoge a alguien para usarlo, lo más probable es que esa persona haya pasado por un largo y tedioso proceso al que le ha sometido el Padre antes de darle la posición que ahora tiene. Las posiciones no vienen porque alguien se las busca, tumbando puertas por todos lados para saber quién le va a dar una oportunidad, sino que vienen porque el Padre, le prepara un lugar y se lo entrega en el tiempo que Él cree propicio después de ver el corazón y las intenciones de la persona y de medir su trayecto y su respuesta ante las pruebas diversas. Por eso es que tenemos grandes hombres y mujeres de fe en quienes podemos admirar la manera en que Dios los usa, porque Él mismo los ha preparado, investido de autoridad espiritual y puesto en el lugar donde hoy se encuentran. Que nunca se nos olvide que no debemos de andar buscando algo que sólo el Padre nos puede dar.

Me permito hacer una observación: Si tiene que tener un promotor, o si tiene que andar promoviendo usted solo, lo más probable es porque el Espíritu Santo lo ha dejado de hacer. ¡Mucho cuidado! Muchas veces nos encontramos promoviendo cosas y personas que el Espíritu ya dejó de promover. Más nos vale tenerlo a Él como nuestro promotor. Él tiene todas las llaves de todas las puertas de todo el mundo. Tiene todos los números de teléfono y de fax de todas las personas en el mundo entero, y si lo quiere usar en cualquier parte del mundo, Él sabrá cómo y con quién lo relaciona para que eso se llegue a dar, y lo hará en el momento más oportuno sin que usted tenga que hacer nada. De pronto, cuando menos lo piense, estará en algún lugar siendo de gran bendición a las personas, porque es algo que el Padre le preparó.

La filosofía del mundo para hacer las cosas es: a ver qué tan poco puedo hacer, en el menor tiempo posible y con la remuneración más alta posible. Estas son las reglas del mundo para hacer casi todo. Por eso existen los sindicatos, para defender los derechos del trabajador: que trabajen menos horas, que les den más vacaciones, que les den más prestaciones y que les paguen mejor. Así se maneja el sistema mundial. «Mas entre vosotros no será así».

En el mundo existe la filosofía de «cuidar al # 1». ¿Cuántos comerciales de televisión han salido con ese lema? «Recuerde, si usted no cuida al # 1, ¿quién lo hará?» y todos lo escuchamos y hasta pensamos que tiene cierta veracidad. «Si no me cuido a mí mismo, nadie lo hará por mí». El único problema con esa mentalidad es que Cristo dijo «Mas entre vosotros no será así».

Otra de las filosofías fuertes en el mundo es la de «la supervivencia de los fuertes», en otras palabras, los más fuertes dominan y se enseñorean de los más débiles. Esta mentalidad reina principalmente en el mundo de los negocios: «Si tuviste que ir a la deriva y a la quiebra para sobresalir, yo entonces soy más fuerte que tú, y ahora me tienes que servir». Por eso es que tenemos a millones de hombres y mujeres en el mundo de los negocios utilizando sus habilidades, no para hacer avanzar la raza humana, sino para hacer avanzar sus propias carreras. Utilizan métodos poco éticos y recurren a las prácticas sin escrúpulos para ver cómo salir adelante en la vida. Todos pisotean a todos para ver cuánta posición pueden obtener a través de su lucha por el poder. Pero Jesús nos enseñó que: «Mas entre vosotros no será así».

Los miembros de muchos equipos de alabanza pelean entre sí para ganar mejor posición en el mismo. Unos dicen «Si no toco el domingo, pues no vengo a la reunión». Otros se quejan porque los ponen en el programa de la reunión entre semana a la cual asiste poca gente, y no todos aprecian el gran don que tiene el músico en cuestión. En los «festivales» de música cristiana todos se pelean por ver quién va primero. En ellos es común escuchar: «¿Por qué a nuestro grupo lo pusieron después de este o aquel otro grupo?» O, «¿por qué a ellos les van a dejar cantar tres canciones y a nosotros sólo nos permitieron dos?» Los pleitos son de nunca acabar entre los músicos del reino. Mientras tanto, Jesús está tratando de decirle a estos preciosos hijitos suyos: «Mas entre vosotros no será así». Tenemos otra serie de reglas que *deben* regir nuestros ministerios. Los cristianos *debemos* tener otra manera de manejarnos, pero por tanto tiempo de medirnos con el «estándar de la industria» hemos adoptado muchas de sus cosas, mientras el Señor está esperando que alguien acepte el desafío de que «entre vosotros no será así».

«ESTE SENTIR QUE HUBO EN CRISTO»

Uno de los pasajes de la Biblia que más me han desafiado en los últimos años es el que se encuentra en Filipenses 2.3-8. Vamos a leerlo primero y después nos detendremos en algunos puntos claves de estos desafiantes versículos.

> *Nada hagáis por contienda o por vanagloria, antes bien con humildad, estimando cada uno a los demás como superiores a él mismo; no mirando cada uno por lo suyo propio, sino cada cual también por lo de los otros. Haya, pues, en vosotros este sentir que hubo también en Cristo Jesús, el cual, siendo en forma de Dios, no estimó el ser igual a Dios como cosa a que aferrarse, sino que se despojó a sí mismo, tomando forma de siervo, hecho semejante a los hombres; y estando en la condición de hombre, se humilló a sí*

mismo, haciéndose obediente hasta la muerte, y muerte de cruz.

¡Qué tremendo!

¡Qué increíble!

¡Qué desafío!

¡Qué ejemplo nos deja el Señor de lo que es un verdadero siervo!

Vamos a tomarlo por partes.

1) «Nada hagáis por contienda o por vanagloria». Parece que el escritor se lo estuviera dirigiendo a los músicos, porque muchos, por no decir la mayoría de ellos, tocan su música por vanagloria. En el mundo se escucha mucho que el pago máximo para los «artistas» son los aplausos del público. Vanagloria. Exaltación al hombre. En el músico viene casi por naturaleza este elemento de vanagloria. Hay en él un deleite por tocar en la presencia de otros y por que se le reconozca y se les aplauda como alguien especial. Es uno de los factores que mueve o motiva a muchos de ellos. Ahora, aunque es mucho menor el nivel de vanagloria entre los músicos cristianos, de todas maneras sí existe, porque si no existiera no habría tanta contienda y tanto pleito. No habría tantos deseos por parte de unos de sobresalir y destacar de entre los demás. La vanagloria produce y fomenta la contienda, y cuando hay un músico que cree que es la última Coca-Cola en el desierto, le puedo asegurar que va a haber muchas contiendas. El vanaglorioso no piensa en nadie más que en él mismo, y este abusará de la confianza, demandará favores y excepciones, y miles de otras cosas que vienen de la mano con la vanagloria. Por eso, *nada* hagáis por contienda o por vanagloria. *Nada*. No toques tu instrumento en la reunión si lo estás haciendo por vanagloria, esto no bendice al Señor ni a su Cuerpo. Si tu motivación al tocar, cantar y ministrar tu música es recibir algún aplauso, algo

anda mal. Cada uno debe revisar constantemente sus motivaciones para asegurarse de que lo que está haciendo no lo hace por contienda o por vanagloria.

2) «Estimando cada uno a los demás como superiores a él mismo». No sé de usted, pero yo no he escuchado muchas enseñanzas acerca de esto en la Iglesia, y vaya que he oído muchas predicaciones en mi vida, no sólo en México sino en todo el mundo hispano. Pocas son las personas que están hablando acerca de nuestra responsabilidad de mirar a los demás como «superiores», como mejores que nosotros mismos. Especialmente entre el ambiente de los músicos no existe este sentir. Antes bien, hay mucha rivalidad y competencia entre nosotros y mucha discusión sobre quién es mejor o peor. Son pocos los músicos, que sin pertenecer al mismo grupo en el que tocan, se apoyan, se aman, se estimulan, se consideran y se ayudan. Al contrario, la mayoría se encuentra discutiendo sobre quién tiene una mejor guitarra, o quién tiene un mejor equipo de sonido, o quién tiene una mejor batería o cualquier otra cosa sobre la que hacen pleitos. Los músicos parecemos de otro planeta cuando se trata de nuestros instrumentos, porque los queremos y los cuidamos como a pocas cosas, y es por eso que cuando viene otro músico y nos dice que su instrumento es mejor que el nuestro ardemos de ira y de celo. He presenciado algunas discusiones airadas y fuertes donde dos músicos no quieren aceptar que posiblemente el instrumento del otro sí es superior al suyo.

Recuerdo que en una gira por un país de Sudamérica viajábamos en un autobús con muchos otros compañeros que trabajaban en los Congresos que se habían organizado en varias ciudades del país. Uno de esos días en que habíamos estado muchas horas viajando en el autobús empezó una discusión, dos asientos adelante del mío, sobre algunos grupos que tocaban música cristiana. Uno de los muchachos insistía que «X» grupo era el mejor y el otro alegaba que «Y» grupo era superior. Estos dos jóvenes discutieron, airadamente, por dos horas sobre este tema que al fin de cuentas no cambió nada ni produjo nada ni hizo nada. El único resultado fue un dolor de cabeza en todos los que estábamos a su alrededor, al grado de que después de cuarenta y cinco minutos de escucharlos me fui a la parte de atrás a buscar otro asiento, porque me sentía mal de escuchar que rivalizaban por asuntos tan insignificantes. ¿Por qué no podemos considerar la posibilidad de que hay alguien superior a nosotros? ¿Por qué insistimos en que somos los mejores?

Recuerdo que la única razón por mucho tiempo en mi adolescencia por la que acudía a los conciertos cristianos era para ejercer mi don de «tijera», o sea de criticar. Algunos amigos y yo nos sentábamos en la parte de atrás del auditorio donde podíamos ver todo muy bien y proceder a «analizar» todo lo que estaban haciendo mal los músicos. Hasta que un día Dios me habló fuertemente acerca de mi error. Ahora, en ocasiones veo personas que asisten a nuestros eventos comentar entre sí acerca de lo que estamos tocando, probablemente son buenos comentarios pero lo más seguro es que no. Me doy cuenta de que simplemente estoy cosechando lo que por tanto tiempo sembré. Es una ley: «Todo lo que el hombre sembrare, eso también segará». Me siento muy arrepentido de haber siempre criticado a aquellos que lo único que hacían era esforzarse para difundir las buenas nuevas del evangelio. Me gustaría que los músicos pudiéramos llegar a ese lugar en nuestras vidas en que realmente pensemos en que todos tienen un lugar de importancia en el reino; que todos somos especiales, y que cada uno tiene un lugar distinto al otro; que necesitamos apoyarnos y ayudarnos uno al otro. Esto nunca sucederá a menos que podamos «considerar a los demás como superiores a nosotros mismos».

Una pregunta: Cuando en alguna reunión usted tiene que estar sentado mientras otro toca el mismo instrumento que usted, ¿puede estar a gusto? ¿O se la pasa «analizando» cada nota que está tocando el instrumento que a usted le «corresponde»? ¿Puede usted estar tranquilo alabando y adorando al Señor, sin importar qué tan bien, o mal está tocando aquella persona? Si la respuesta a mi pregunta es que no puede estar tranquilo y que sólo piensa en lo que el otro está tocando, entonces usted no lo considera superior a usted mismo y necesita pedirle al Señor que lo ayude a cambiar. Cuando están tocando nuestros compañeros, debe darnos mucho gusto. Debe llenarnos de alegría. Debemos de apoyarlos con nuestras oraciones y palabras de ánimo y no darles miradas angustiadas y descontentas. Debemos pensar en que ellos son superiores a nosotros, y por eso les correspondió estar tocando en ese momento. Así debería ser.

3) «No mirando cada uno por lo suyo propio, sino cada cual también por lo de los otros». ¿Dónde existe esta enseñanza en el Cuerpo de Cristo? ¿Por qué somos tan pocos los que estamos predicando sobre este principio? Como ya lo vimos anteriormente, los del ministerio de la música parece que batallamos más con estas cosas que otros. Es difícil pensar en los demás, porque estamos más acostumbrados a pensar en nosotros mismos. Pero la tarea de un «siervo» es precisamente «mirar por lo de los otros». Si aspiramos a ser siervos, debemos cambiar nuestra manera de pensar: Debemos pensar menos en lo nuestro y dedicarnos a lo de los otros. Alguien me preguntó una vez: «¿Y si dejo de pensar en lo mío y me pongo a pensar en lo de los otros, quién va a ver por lo mío?» La respuesta es sencilla: Dios. El Creador de todo lo que hay va a empezar a ver por lo tuyo, porque Él se va a dar cuenta

de que como tú ya no tienes tiempo para pensar en lo tuyo, Él tiene que hacerlo por ti. ¿Qué tal? Y, ¿no crees que Él puede hacer un trabajo mucho mejor que tú mismo? en ver por lo tuyo. ¡Claro que sí!

No conozco un solo músico que no sueñe con tener «x» instrumento o aparato electrónico. ¡Ni uno solo! Aun el más espiritual de nosotros tiene aspiraciones de poseer ese instrumento mejor o más bonito. Pasamos por las tiendas, vemos las revistas y los anuncios y hasta se nos hace agua la boca en sólo pensar en el día en que podamos tenerlo en nuestras manos presumiéndolo como propio. Pues aquí le va un consejo muy práctico: Póngase a pensar en lo de los otros y vea a quién puede bendecir con el instrumento con el que ha soñado y le aseguro que cuando usted vea por el de ellos Dios se encargará de ver por el suyo. Esto ha sucedido una y otra vez. Cuando nos despojamos de las cosas, reconociendo quién es el verdadero dueño de ellas, todo cambiará para nosotros. Yo creo que otra de las muchas razones por las que Dios no nos bendice más, es porque ve que en nuestro corazón hay un espíritu posesivo, y hasta que no aprendamos a pensar en lo de los otros, Él seguirá esperando para darnos lo nuestro.

4) «Haya, pues, en vosotros este sentir que hubo también en Cristo Jesús» La versión Reina Valera actualizada lo dice así: «Haya, pues en vosotros, esta manera de pensar». Un sentir, o una manera de pensar es mucho más que un pensamiento que tenemos una que otra vez, es nuestra manera de vivir. Cristo vivía en actitud constante de humildad. Así debemos vivir y pensar nosotros, y es la invitación que nos hace el Señor a través de la epístola que el apóstol Pablo escribe a los Filipenses. Tiene que ser un sentir, una manera de pensar, algo que el Señor mismo nos ayuda a establecer en nuestras vidas. Mientras más nos acerquemos a Él más iremos pareciéndonos a Él y teniendo sus mismas características. Si usted desea ser una

persona servicial y humilde es necesario que pase tiempo con el que nos dio el máximo ejemplo de la humildad. Esto no viene a través de leer algún libro, asistir a algún seminario o de simplemente proponérselo, sino que sólo puede venir a través de pasar mucho tiempo con su Señor para conocer cuál es su manera de pensar y que de esta manera llegue a ser la suya.

¿Cuál es el «sentir» que hubo en Cristo? Humildad en todo y hasta lo sumo: 1) estuvo en «forma de Dios», pero 2) no se aferró a este estado, sino que 3) se despojó de su forma de Dios para 4) tomar forma de siervo hecho semejante a los hombres, y estando en esta condición, 5) se humilló aún más, haciéndose obediente hasta la muerte, y 6) muerte en la cruz. En todo Cristo se humilla hasta lo sumo. Piénselo por un momento: De Dios a hombre fue un paso bastante grande hacia abajo. Luego, estando en forma de hombre, *pudo* haber sido como muchos hombres, orgulloso, arrogante y altivo. Pero no, escogió ser «siervo», la condición más baja de la humanidad. Aun en este nivel toma otro paso hacia abajo para humillarse todo lo posible. Después, en la muerte hace lo mismo, porque permite que lo sometan a la más cruel que el hombre jamás haya conocido: la cruz. En otras palabras, Jesucristo nos deja *en todo* un tremendo ejemplo de lo que es la verdadera humildad. Desde que bajó del cielo a la tierra, hasta su vida entre nosotros como siervo; y aun en su muerte al sufrir la más horrenda y baja que pueda existir. Mientras tanto, ¿sus seguidores y sus discípulos de hoy? Muy bien, gracias. Viviendo como si nunca hubieran tenido tan grande ejemplo a seguir. Cada quien mirando por lo suyo y no por lo de otros, como si esa fuera la lección que Jesús les hubiera dejado. Todo el mundo interesado en conseguir el mejor puesto, la más alta visibilidad y peleándose los puestos en el ministerio como los niños pelean por los juguetes. ¡Qué triste! Que teniendo tan gran ejemplo no estemos viviendo de la manera que Él quiso que viviéramos. Algún día eso cambiará. ¿Podrá cambiar con usted y conmigo? ¿Seremos nosotros algunos de los que aprenderemos las lecciones que Él nos dejó para empezar a caminar en ellas? Eso espero... Eso espero...

LIMPIA BAÑOS

En este asunto soy un poco extremista, porque creo que Dios quiere enseñarnos lecciones muy importantes a través de acciones muy básicas y humildes. No por el hecho de limpiar un baño, sino por lo que esto lleva implícito. Creo que un músico no debe ejercer un ministerio hasta que haya aprendido a limpiar baños y a hacer cosas similares. Si un músico no sabe tomar con sus manos una escoba, un trapeador o artículos de limpieza, no debería tomar en sus manos un micrófono, un instrumento o la dirección de la reunión. Seré radical en este punto, pero he visto que el trato del Señor nos lleva a empezar desde abajo para aprender a tener más compromiso y responsabilidad («el que es fiel en lo poco»). Es lamentable ver la cantidad de veces que los pastores y líderes hacen llamados para que algunos voluntarios les ayuden a mover sillas, barrer o trapear pisos y los músicos brillan... por su ausencia. Muchos creen sinceramente que no es su «ministerio» y por eso no deben involucrarse en aquellas cosas que no estén relacionadas con su ministerio. Permítame decirle cuál es mi opinión personal al respecto: Si no puede ayudar a barrer, trapear o cualquier otra tarea que se requiera en la congregación, *usted no tiene ministerio.* Francamente, creo que el hacer todas esas tareas «sucias» es una de las pruebas para que usted pueda ingresar a la obra del ministerio. La mayoría de los que estamos en él empezamos por limpiar baños, limpiar bancos, barrer y trapear pisos, etc.

Recuerdo mi primer día de ser un «ministro de tiempo

completo». Me habían invitado a ser el «ministro de música» (pa' l'honra y gloria), en una congregación de tamaño regular en la ciudad donde vivía en aquel entonces. Cuando me presenté, la secretaria me dijo que el pastor me estaba esperando en su oficina. Subí con mucho entusiasmo para tener nuestra primera «junta oficial de trabajo». Después de platicar buen rato acerca de cuáles serían mis responsabilidades en la congregación, de cuánto iba a estar percibiendo, y de dónde estaría ubicada mi oficina, mi pastor me dijo lo siguiente: —Marcos, en el día de ayer renunció a su puesto el hermano que nos ayudaba con la limpieza.... estaba pensando que tú nos podrías ayudar con esto mientras encontramos a otra persona que tome el puesto.

En ese momento pasaron muchos pensamientos por mi cabeza, pero, ey... al fin era el primer día de mi trabajo ministerial, estaba lleno de emoción, entusiasmo y ánimo, aparte de que estaba seguro de que dentro de poco encontrarían la persona para tomar ese lugar. Al fin de cuentas, yo conocía al Dios de Abraham y estaba seguro de que Él proveería un carnero para el sacrificio.

—Con muchísimo gusto —respondí—, al fin que estamos para servir. Cuente conmigo.

Fue así, entonces, que pasé la primera semana de mi «ministerio de tiempo completo» limpiando baños y aspirando alfombras. El edificio era grande, y además la iglesia contaba con una escuela a la que asistían diariamente cerca de 120 alumnos que se encargaban de que cada día se ensuciara bastante ese lugar. Me pasé la segunda semana de mi «ministerio de tiempo completo» limpiando baños y aspirando alfombras. En la tercera semana, habían cambiado un poco las cosas: ¡Aspiré alfombras y lavé baños! Digo, para que no se hiciera aburrido el trabajo. Aproximadamente al final de la cuarta semana estaba limpiando baños y aspirando alfombras, pero con muy mala actitud y con nada de alegría.

Hasta la fecha no estoy seguro si mi pastor hizo esto a propósito o fue una divina casualidad. Divina, porque el Señor sabía que yo necesitaba tratar ese aspecto de mi vida. Recuerdo como si fuera el día de ayer que estaba en uno de los baños limpiando un excusado, inodoro, retrete o como usted le llame; esta es una tarea nada agradable que pocos quieren desarrollar, pero ahí me tenían limpiándolo y teniendo una fuerte discusión con el Señor. Le estaba diciendo cosas por el estilo de: «A mí me invitaron para ser ministro de música, y sin embargo, ¿por qué estoy limpiando inodoros en lugar de estar sentado en el piano haciendo hermosa música para ti?» «Señor, no es justo que me tengan haciendo el trabajo que le corresponde a otro en el reino. Todos tenemos nuestro lugar en el Cuerpo, como tú mismo nos has enseñado, ahora pues, ¿por qué me tienes fuera de mi lugar tan desubicado, haciendo estas tareas que no me corresponden?» Mientras le reclamaba, seguía limpiando esa taza, restregando fuertemente con el cepillo. Le puedo asegurar que ese excusado quedó más limpio de lo que usted se puede imaginar.

Después de unos momentos de estar reclamándole al Señor y protestando por el «mal rato» al que me había sometido, Él me habló. Lo recuerdo como si fuera ayer. Clara y dulcemente, pero con firmeza. «Marcos, si no estás dispuesto a limpiar baños, no tengo nada para ti en mi reino». Fue todo y con eso tuve. Arrepentido y humillado, comencé a llorar hincado ante ese limpísimo inodoro y le dije: «Señor, perdóname. Lo único que quiero hacer en esta vida es ser usado por ti. Enséñame a limpiar baños para poder servirte mejor». Y hasta la fecha en ocasiones me sigue dando oportunidades, para comprobarme a mí mismo y a Él que todavía sé limpiar baños.

Ahora, catorce años después de ese incidente, puedo

entender con perfecta claridad lo que Él estaba tratando de lograr en mi vida. Yo necesitaba ser quebrantado de ese espíritu que gobierna a muchos de nosotros: el orgullo. Debemos recordar que sin Él, nada somos y nada podríamos hacer. Así que, ¿cuál es el problema? Subámonos las mangas de la camisa y ensuciémonos las manos con la obra que hay que hacer, porque por medio de todas esas tareas el Señor está formando en nosotros su carácter, en preparación para tiempos futuros en que podrá usarnos en muchas otras cosas. Pero casi estoy seguro de que Él está esperando saber si estamos dispuestos a limpiar baños (o hacer trabajos similares) antes de que se comprometa a usarnos más.

Quiero que leamos el siguiente pasaje, donde Jesús nos muestra que sabe ser siervo. Nos pone un hermoso ejemplo de lo que es tomar la posición más baja de la servidumbre. De acuerdo a la costumbre judía, el sirviente más bajo de la casa era quien lavaba los pies de las personas que llegaban de visita. Jesús asume ese papel en esta ocasión.

> *Se levantó de la cena, y se quitó su manto, y tomando una toalla, se la ciñó. Luego puso agua en un lebrillo, y comenzó a lavar los pies de los discípulos, y a enjugarlos con la toalla con que estaba ceñido.*

> *Así que, después que les hubo lavado los pies, tomó su manto, volvió a la mesa, y les dijo: ¿Sabéis lo que os he hecho? Vosotros me llamáis Maestro y Señor; y decís bien porque lo soy. Pues si yo, el Señor y el Maestro, he lavado vuestros pies, vosotros también debéis lavaros los pies los unos a los otros. Porque ejemplo os he dado, para que como yo os he hecho, vosotros también hagáis (Juan 13.4,5; 12-15).*

El ejemplo que nos dejó es más que el acto físico de lavarle los pies a alguien. Tiene que ver con un espíritu («sentir», «manera de pensar») de servicio. Muchos pueden lavarse los pies en un acto simbólico y ritualista y seguir viviendo sin un espíritu de verdadero servicio. Lo que lo hace a uno siervo no es el acto de lavar los pies, sino una actitud en el corazón y en la mente, una manera de pensar y de vivir. Este es el ejemplo que nos ha dado el Señor, y es la manera en que debemos estar viviendo usted y yo.

JESÚS, NUESTRO MÁXIMO EJEMPLO, UN SIERVO HASTA EL FIN.

Tómese un tiempo y busque en este momento a alguien cercano a usted. Puede ser su pastor, alguno de los miembros de su congregación o algún familiar que comparta la fe en Cristo Jesús y haga un compromiso de servirle. Debe ser alguien a quien vea con frecuencia para que sea un compromiso real y no ficticio. Háblele brevemente de lo que acaba de leer y dígale, si el Espíritu así lo dirige, que usted ha reconocido que necesita ser un siervo, y que le faltan cualidades de siervo. Comprométase a servir a esa persona y pídale que le ayude a saber cómo lo pueda servir mejor y en qué áreas. Esto es muy importante en nuestras vidas: Tener a alguien con quien estemos comprometidos para que nos ayude a ser mejores y verdaderos siervos no sólo de título. Hágalo ahora mismo.

¡Sea siervo!

«ENTONCES...
¿QUÉ HACEMOS CON
ESTOS MÚSICOS?»

SI UN MÚSICO ESTÁ LEYENDO este libro y ha llegado hasta aquí, quizá piense que tengo un mal concepto acerca de todos los músicos, porque he hablado mucho acerca de nuestras fallas y errores. Pero quiero asegurarle que si yo pensara que todos los músicos somos «malos» o «terribles», no me hubiera dado la molestia de escribir este libro, ni estaría viajando por todo el mundo predicando y animando para tener un nuevo día en la música cristiana. Simplemente no lo haría. Lo que le puedo asegurar es que en mi hay un profundo amor y una carga enorme por los que ministran en la música. He entregado mucho tiempo apoyando e impulsando a muchos ministerios musicales. Los hechos hablan por sí mismos. Espero que las palabras de este libro sean de motivación a los que tocamos y cantamos con el fin de llegar a tener más y más el carácter de Cristo en nuestras vidas. Ese es mi deseo y mi propósito al escribir este libro. Tengo la seguridad de que el Señor se está moviendo entre los músicos y que también está levantando a nuevos elementos ungidos y poderosos para predicar su palabra a través de este medio. Por ello le doy la gloria al Señor.

En la mayor parte del libro hemos hablado acerca de la responsabilidad que tiene el ministro de música hacia la Iglesia, y cuáles deben ser las características de un salmista de esta «nueva generación». Pero no hemos dado mucha atención a otra área muy importante y esa es la de la responsabilidad de la Iglesia hacia los salmistas. No estaría completo este libro sin que tratáramos este tema tan importante. Igualmente, cómo muchos músicos y ministros de alabanza le han fallado a la Iglesia en innumerables maneras, la Iglesia le ha fallado al músico en otras. Esto ha dejado abierta la puerta para que algunos músicos tomen decisiones y desarrollen actitudes incorrectas e injustificables (desde el punto de vista de la Palabra, porque ninguna mala actitud se puede fundamentar en la palabra por muy «justificable» que parezca trayendo así rechazo, oprobio y mala fama que tenemos muchos músicos entre el Cuerpo de Cristo. Como usted ha podido comprobar a través de todo este escrito, *nunca* condeno una mala actitud o un mal comportamiento, porque la Biblia simplemente no da lugar a eso. A esas actitudes se les llama «pecado», simple y sencillamente. Pero de la misma manera en que algunos de los músicos hemos tomado malas actitudes, también la Iglesia ha tenido malas actitudes que no deben pasarse por alto. Recuerde siempre que en cualquier punto de tensión hay dos involucrados, no sólo uno. No habría tensiones entre nosotros si no hubieran fricciones; pero como sí las hay, ambos tenemos responsabilidad. He dedicado una gran parte de mi libro aceptando la responsabilidad que tenemos los músicos en todo esto, pero ahora permítame hablarle de la responsabilidad que tenemos como Cuerpo de Cristo hacia los músicos. Vamos a platicar de algunos aspectos que usted y yo podemos hacer para ayudar a esta «nueva generación» de salmistas que Dios está levantando.

«CUIDAR Y PROTEGER»
Al estar pensando en las diferentes responsabilidades que

tenemos hacia nuestros músicos, estas dos palabras resaltan en mi mente. Al hablar con muchos de ellos sienten que estos son los dos aspectos que más necesitan en sus vidas y ministerios.

1) «Cuidar». Usted se sorprendería de la cantidad de músicos que nos sentimos indefensos y desprotegidos. La mayoría hemos batallado con grandes complejos de inferioridad y menosprecio personal. Hay un sentimiento de inseguridad en lo que hacemos, siempre buscando el reconocimiento y la aprobación de las personas que nos rodean. Esto nos ha conducido a llevar una vida de una constante montaña rusa de emociones: un día estamos «arriba» y el otro estamos «abajo». Es normalmente cuando la gente dice, «¿Quién lo entiende?», y otros contestan: «Déjalo. Al fin de cuentas es músico y a ellos nadie los entiende». Pero comentarios de esta naturaleza sólo sirven para hundir más a la persona en cuestión, porque los interpreta como un ataque a su persona y a su talento musical.

Muchos disfrazan el sentimiento de inseguridad en un falso orgullo, como un mecanismo de defensa en contra de los ataques de aquellos que no «nos comprenden». Lo malo de esto es que el orgullo sólo aleja a las personas, y el músico se vuelve más solitario que antes, sumiéndose en sus malas actitudes porque no tiene a nadie a su alrededor para «cuidarlo» de ellas. Uno de los síntomas sobresalientes de esta clase de músico es que siempre habla de él mismo, de sus logros y de sus triunfos. No cesa de comentar sobre los lugares que ha visitado y la gente que ha conocido, porque piensa que diciendo todas estas cosas será mejor recibido, sin darse cuenta de que en lugar de ello, está sellando su propio distanciamiento de la gente que no soporta escuchar a una persona que siempre habla de sí misma. Y todo el tiempo, lo único que desea el músico es ser recibido y aceptado. Esta inseguridad ha llevado a tantos al borde de la desesperación, sirviendo como catalizador en la toma de muchas malas decisiones que ha cambiado el rumbo de sus vidas para siempre.

Mi amigo Lalo era uno de estos músicos, sumamente inseguro y terriblemente solitario. Él tenía un gran deseo de ser «cuidado» de que alguien viera por él, de que alguien se interesara por él. Fuimos muy pocos los que pudimos ver esta necesidad que tenía, tratamos de ayudarlo mientras los demás se pasaban la mayor parte de su tiempo criticando a Lalo en lugar de cuidarlo. Es triste ser una persona como Lalo, rodeado de mucha gente y sin embargo viviendo en una profunda soledad. Esa es la historia de más de un músico. Lo más probable es que haya uno en su propia congregación, esperando que alguien lo cuide y le dé un momento de su tiempo para asegurarse de que está bien, amado, atendido y creciendo. *¡cuide a sus músicos!*

2) «Proteger». Esto es muy similar a «cuidar» pero lleva un paso más allá. En esta palabra hay un factor de riesgo que tenemos que correr los que estamos pretendiendo entrar en el compromiso de «proteger», porque para hacerlo nos exponemos a que el tiroteo del enemigo de quienes estamos protegiendo nos alcance a nosotros. Dar protección es un compromiso serio que requiere valor, entrega y decisión. No cualquier persona está dispuesta a proteger a otra, porque no todos estamos dispuestos a correr el riesgo de ser heridos en la batalla. Lo más común es que cuando se empiezan a disparar las balas, todos adoptamos la popular filosofía de «sálvese quién pueda», sin importarnos mucho lo que le esté pasando a nuestro compañero de armas. El resultado de esto es que muchos han sido heridos y han muerto en el campo de acción, por el sencillo hecho de que faltó quién protegiera a los más débiles y a los inexpertos. Creo que es un deber de quienes tenemos más tiempo en el Señor el

proteger a aquellos que están hace menos tiempo, enseñándoles a defenderse en contra de las asechanzas del enemigo, en base a la Palabra y a las experiencias mismas que hemos vivido. Pero como a muchos músicos que tienen años en el Señor nunca les dieron protección, no están dispuestos a dar protección a otros músicos para que aprendan a salir adelante de la misma manera que ellos: por el camino difícil. Pero alguien tiene que cambiar la tendencia. ¡Que seamos usted y yo! Démosles protección a nuestros músicos.

Alguno pudiera preguntar: «¿Y de qué los vamos a proteger?» De muchas cosas. Aquí está una lista de aspectos de los que usted y yo podemos proteger a nuestros músicos.

Protéjalos de:

1) La vanagloria. Aparte de orar para que no la tenga, lleve una relación tan desarrollada con la persona como para poderle decir con toda confianza que la vanagloria está llegando a su vida. Prevéngalo de que tenga cuidado para que esto no suceda.

2) Los ataques de las personas que no comprenden algún ministerio específico de algún músico. Hay algunos grupos cristianos de música que utilizan ciertos ritmos y estilos especiales para alcanzar a ciertas subculturas en distintos países por lo que tienden a ser las personas menos comprendidas y protegidas en el Cuerpo de Cristo. Hay que protegerlos cuando se sabe que son músicos que conocen la presencia del Señor y que están respondiendo a un genuino y comprobado llamado de Dios. Protéjalos de las «malas lenguas» que hablan falsedades y mentiras acerca de sus vidas y ministerios. Tarde o temprano, si Dios lo está usando, habrá acusadores. Prepárelos para esto y protéjalos.

3) Las canciones de las «sirenas» que llaman y claman para que sus dones y capacidades se desperdicien en la música baja y horrible que ofrece Satanás a este mundo. Tantos músicos que habían conocido a Cristo se han ido tras las promesas de personas que les han dicho que los harán famosos y ricos si tocan en este club nocturno o aquel centro de vicio. Son falsas promesas y mentiras que han desviado a muchos músicos de tener una relación con el Señor. Es casi imposible creer que Elvis Presley fue un joven que creció en una iglesia cristiana, hijo de pastores cristianos, pero que se fue tras la canción de las «sirenas» de su tiempo. Estoy seguro de que esto sucedió, porque no hubo quien lo «protegiera». Lo más seguro es que fue el joven más criticado de su iglesia y muy probablemente por la manera en que tocaba su guitarra.

4) Los sentimientos de inseguridad e inferioridad que llevan a muchos a la depresión e inestabilidad emocional. Cuando usted vea a un músico caer en esta trampa, pase tiempo con él, porque lo que menos necesita en esos momentos es estar solo. Anímele con la Palabra de Dios, con oración, con tiempos casuales de diversión juntos y con abrazos que lo hagan sentir amado y aceptado. ¿Cómo puede saber si un músico está cayendo en una depresión emocional? Déjeme decirle que en términos generales, los músicos no somos muy buenos para esconder nuestras emociones, sino todo lo contrario: somos supertransparentes. Usted lo va a poder notar casi inmediatamente: la mirada caída, el semblante triste, el paso lento, la poca conversación, el comentario negativo, etc. Todas estas son señales de que está en necesidad de «protección». Désela.

5) Las influencias negativas del mundo y de la música secular. Creo firmemente que una de las armas que Satanás ha usado con mayor astucia, para mantenernos anémicos y débiles en la batalla de la fe ha sido la música

secular. Lo que el enemigo predica a través de esa música inconscientemente está entrando en nuestro espíritu para llegar a ser parte de nuestra propia vida, porque eso es parte del poder que hay en la música. La música es una comunicación de espíritu a espíritu, y Satanás lo sabe bien (mejor que muchos cristianos que o son ignorantes o prefieren mantener la mentalidad de avestruz y esconderse de la realidad) y lo usa para mantener a muchos en una posición de vulnerabilidad a sus ataques y mentiras. Este es un tema muy extenso que dejaré para otro libro en el futuro. Por lo pronto, acepte el reto de proteger a sus músicos de la influencia del mundo y de la música secular, hasta donde usted pueda.

6) La inestabilidad y falta de compromiso con su iglesia local, la expresión del Cuerpo de Cristo en esta tierra. Ayúdelos a ser puntuales, involucrados y fieles a sus congregaciones.

7) Las malas compañías. Dice el dicho «Las malas compañías corrompen las buenas costumbres». Los músicos tenemos una atracción casi natural a todo aquello que es raro o diferente. Cuide a sus músicos de no involucrarse con un grupo equivocado de personas. Ayúdelos a saber discernir entre lo santo y lo profano. Ofrézcales otras opciones como el acompañarlo a usted, por ejemplo.

Estas son sólo algunas sugerencias que podemos tomar para saber proteger y cuidar a los músicos. A esta lista seguramente le podríamos añadir un sinfín de otras cosas. Pídale al Señor que le dé un sentir en su espíritu de «cuidar y proteger» a los músicos que son parte de su vida. Cómo le doy gracias a Dios por las personas que ha puesto en mi vida que me han cuidado y protegido. En tantas ocasiones, cuando he experimentado alguno de los puntos que están en la lista, siempre ha habido personas que Dios ha puesto en mi camino para ayudarme a no quitar la vista de lo eterno y no ponerla en lo temporal. Son demasiadas personas para nombrar a todas, pero ellas significan una parte muy importante en mi vida, mi familia y mi ministerio. Tengo una deuda con todas ellas.

«DISCIPULAR»

Esta es una palabra que a mucha gente no le gusta porque lleva connotaciones negativas debido a un desbalance en la enseñanza que surgió en la década de los setenta. Aunque es cierto que algunas personas han llevado a un extremo este principio, no deja de ser un principio muy bíblico y necesario para nuestras vidas. Así que vamos a ver algunos de los conceptos relacionados con esta palabra y recibamos del Señor lo que necesitamos aprender, ya que es una de las responsabilidades principales que la Iglesia de Cristo tiene con sus músicos.

1) «Discípulo»: La palabra significa «persona que recibe la enseñanza de un maestro» (Diccionario Larousse). Es tan importante que existan dentro de la Iglesia personas que se tomen el tiempo de ser maestros para los músicos, porque la mayoría de ellos tienen grandes sueños y visiones (producto de su naturaleza «creativa»), que necesitan ser canalizados en la dirección correcta y que *pueden* ser canalizados si alguien se toma la molestia para hacerlo. El problema radica en que somos pocos los que nos tomamos el tiempo para mostrarles el camino a los músicos, prefiriendo que «otro lo haga». Y ya que nadie lo hace, muchos terminan descarrilados de los propósitos eternos que Dios diseñó para sus vidas. ¡Qué trágico, pero qué cierto!

La naturaleza misma de un músico lo hace un discípulo difícil. A veces puede ser testarudo, rebelde y duro de cabeza, pero por dentro tiene un corazón de miel, sensible y tierno, deseoso de que le muestren el camino por donde debe andar. Mi experiencia con la mayoría de los músicos ha sido que una vez que uno les muestra con la Palabra el lugar que ocupan en el Cuerpo de Cristo, sus vidas cambian, toman una nueva seriedad, reconociendo que sus dones y capacidades son para servir al Señor y a su Cuerpo y no a sus propios intereses. Dicho sea de paso, que sí hay excepciones: Aquellos músicos que ni por revelación divina quieren entender. De ellos no se preocupe, el Espíritu Santo tratará con ellos mejor que nosotros, y en su momento lo hará, usted sólo siga orando por ellos. El compromiso que necesitamos tomar en el Cuerpo de Cristo es el de seguir siendo un amigo fiel para el músico, ayudándolo y motivándolo a seguir en los caminos que la Biblia señala y no en aquellos caminos del mundo que los rodea. Necesitamos a más hombres y mujeres líderes que sientan una carga por los músicos de su congregación y les sirvan de maestros.

He conocido a varios pastores y líderes que tienen una genuina carga por sus músicos y ministros de alabanza. Es hermoso ver la clase de relación que puede y debe existir entre ellos y su pastor. Cuando han tenido el privilegio de ser discipulados, entrenados y enseñados bajo la mano de un buen líder, resultan ser de gran bendición no tan sólo para su congregación sino para muchos miembros del Cuerpo de Cristo en general. Me gustaría dejar un desafío a cualquier pastor, líder, hombre o mujer fiel de una congregación a «adoptar» a un músico, tomando tiempo para enseñarle con amor y mostrarle el camino correcto por donde debe andar, forjando así el carácter de Cristo en su vida. Le aseguro que el tiempo invertido en esa persona a la larga será una buena inversión, ya que el músico puede ser de tanta bendición a una congregación, si vive con actitudes bíblicas y correctas. Pero de la misma manera, la mayoría de los que no viven con estas actitudes traen dolor, angustia, división y muchas cosas negativas y contraproducentes a la congregación. Sin temor a equivocarme, me atrevo a decirle que gran parte de los músicos viven en el error simplemente porque no hubo quién los discipulara (lo mismo podríamos decir de cualquier persona). Todos necesitamos ser «discipulados», pero los músicos somos discípulos un poco más «especiales» que requerimos un poco más de tiempo y atención por nuestra naturaleza difícil. *¡No nos pierda la paciencia, por favor!*

2) «Disciplina»: Esta palabra va mano en mano con la que acabamos de ver. De hecho las dos vienen de la misma raíz. Un discípulo se hace en base a la disciplina que recibe de su maestro. Se corrige para poder aprender. Sin disciplina no puede haber un discípulo. A la mayoría de la gente no le gusta ser disciplinada, y el músico no es la excepción. Pero todos necesitamos ser disciplinados aunque no nos guste. La Biblia está llena de mandamientos que hablan acerca de la corrección a los hijos (Proverbios 13.24; 19.18; 22.15; 23.13,14; 29.15,17; Efesios 6.4; Colosenses 3.21), y aunque es cierto que en el sentido literal los músicos no son nuestros «hijos», en el sentido espiritual sí, están bajo nuestra tutela o autoridad. El escritor del libro de los Hebreos lo dice aún con más claridad: «Porque el Señor al que ama, disciplina, y *azota* a todo el que recibe por hijo. Si soportáis la disciplina, Dios os trata como a hijos; porque ¿qué hijo es aquel a quien el padre no disciplina? Pero si se os deja sin disciplina, de la cual todos han sido participantes, entonces sois bastardos, y no hijos» (Hebreos 12.6-8 énfasis mío). Con todos los que estamos en el ministerio de la música existe la necesidad de que hayan personas arriba de nosotros, guiándonos, aconsejándonos y disciplinándonos. Por mucho que nos duela lo necesitamos.

Antes de poder ejercer disciplina sobre alguien debe haber una relación establecida, y este es el eslabón que veo que se ha perdido en muchos casos. Hay quienes quieren ejecutar alguna disciplina en la vida de alguien con quien no han desarrollado una relación, y entonces no existe una base de confianza desde donde ejecutarla. Esta se vuelve tiránica y autócrata llevando al «disciplinado» a la rebelión y el distanciamiento. No podría terminar de contarle la cantidad de veces que esto ha sucedido con muchos músicos a través del mundo entero. De nuevo, como lo he dicho antes, no justifico el que el músico tome una mala actitud, pero tampoco es justificable que ejerzamos autoridad sobre aquellos que no nos han dado ese lugar en sus vidas. Muchos suponemos que ciertas personas están sometidas a nuestra autoridad y queremos ejercerla, cuando en ocasiones esto es simple presunción, porque la autoridad no es algo que asumimos sino algo que se nos confiere. Para tener autoridad en la vida de alguien necesitamos estar caminando en relación con él o ella, de tal manera que ellos nos den el lugar de autoridad en sus vidas sin tenerla que reclamar. Por ejemplo, en mi casa y con mis hijos yo soy la autoridad. Sin embargo, no tengo necesidad de estar constantemente repitiendo cada día: «Recuerden hijos que yo soy la autoridad aquí y se me va a respetar, porque si no, entonces...» Simplemente la relación que tengo con mis hijos, la confianza que hay y la seguridad que tengo en mi autoridad me permite ser la autoridad sin tener que estarla reclamando. Aquel hombre o aquella mujer que tiene que reclamar su autoridad es porque ya la perdió. En los años que he estado viajando por todos lados he comprobado que hay una gran falta de relación entre los músicos y sus pastores. Uno no sabe cuál es la visión del otro por la sencilla razón de que nunca pasan tiempo juntos. Como resultado, cuando hay que disciplinar y no existe una relación se abren las puertas para todos los mal entendidos habidos y por haber, trayendo reproche, división y heridas sinfín. ¡Ojalá esto vaya cambiando! Por lo pronto, estoy animando a músicos y pastores que pasen más tiempo juntos conviviendo, conociéndose y relacionándose, para que esa amistad y esa relación pueda ser la base para muchos años fructíferos en el ministerio.

Todo lo anterior lo hablé para llegar a esto: los músicos necesitamos disciplina, pero muchas veces nos han disciplinado personas con quienes no existe una relación, y nos han herido porque como no conocemos a la persona que nos disciplinó, entonces no conocemos sus razones o su corazón al disciplinarnos. Nuestra reacción a la misma produce confusión en la persona que nos disciplinó, porque tampoco nos conoce y no puede entender por qué estamos reaccionando de esta manera a su disciplina. Todo puede arreglarse al desarrollar amistad y relación unos con otros. De esta manera, cuando nos disciplinen podemos estar seguros y confiados de por qué lo hacen, además de descansar en el amor que nos tiene la persona que nos disciplinó, sabiendo que sólo quiere lo mejor para nosotros.

Para escribir este capítulo platiqué con varios músicos y les pregunté qué les gustaría recibir de parte del Cuerpo de Cristo. Varios me dieron listas distintas y variadas pero todos concordaban en este punto. Dijeron: «Disciplínennos, pero con honestidad y en base a la confianza». En resumen: pasen más tiempo con sus músicos.

3) «Enseñanza y capacitación»: Bajo el título de «discipular» no podría faltar este punto. Tome tiempo con sus músicos para enseñarles y capacitarlos en los rudimentos de la Palabra. Además, considero que es de suma importancia que los miembros del grupo de alabanza en su congregación conozcan, a flor de labios, cuál es la visión que tiene su congregación local. De esta manera ellos pueden fluir con ella y ser un factor de unidad y bendición en la misión que se han propuesto como congregación o grupo. Esto requiere de más tiempo. Es mi sugerencia que

los líderes y los músicos de cualquier congregación pasen tiempo juntos como mínimo una o dos veces a la semana, dependiendo de la cantidad de responsabilidad que tengan los músicos y ministros de alabanza. Mientras más responsabilidad tengan, más tiempo deberían pasar con el pastor o los pastores y líderes. Es importante para todo equipo de alabanza oír de su pastor principal el rumbo y la visión que Dios le ha dado para la congregación, y saber dónde caben ellos en todo el plan.

Otro instrumento que Dios está usando ahora para la capacitación y enseñanza de los músicos son los eventos que se organizan en todos lados, diseñados especialmente para los ministerios de alabanza. Una sugerencia que me gustaría dar a los pastores sería que acompañaran a sus músicos a estos eventos por varias razones: 1) Escuchará personalmente cuáles son las enseñanzas que dan ahí, y observará en qué espíritu se imparten para entonces poder saber cómo encajan éstas con lo que Dios está haciendo en su congregación. 2) Es un tiempo precioso que puede invertir en desarrollar una amistad más estrecha con los músicos de su congregación. Es un tiempo en que todos conviven alrededor de la Palabra y la presencia del Señor. 3) Se evita la duplicidad de visiones en lo que respecta al programa de música, alabanza y adoración en su congregación. Muchas veces los músicos regresan de un evento motivados e inspirados por algo que vieron o vivieron, y quieren cambiar todo en la congregación. Reconocemos que esto es un error. Pero si el pastor o líder del músico lo acompaña, Dios puede usar ese tiempo para hablarles a los dos acerca de las cosas que Él quiere hacer en sus respectivas congregaciones. 4) El Señor puede usar uno de esos eventos para mostrarle al pastor muchas cosas acerca de la peculiaridad del ministerio de la música, convirtiéndolo en una persona más comprometida para orar por ellos.

Si en su congregación tienen manera de hacerlo sería una bendición organizar uno de estos eventos a nivel local. No tan sólo les sirvirá a sus músicos sino también a la congregación. Además, consiga libros y videos que le puedan ayudar al músico a ser una persona más completa y total en su llamado. Algunos tienen la posibilidad de mandarlos a alguna escuela como la que hemos fundado en México. Si se puede háganlo, si no, ore para que el Señor le ponga una escuela más cercana. Me doy cuenta de que a través de toda América Latina Dios está levantando escuelas para ayudar en la capacitación de los músicos de esta nueva generación. Capacite e instruya a sus músicos.

4) «Oración e intercesión»: Cómo le doy gracias a Dios por las personas que ha puesto en mi vida para que intercedan por mí, por mi familia y por mi ministerio. Sin este elemento ninguno estaría en el ministerio. Es una responsabilidad del Cuerpo de Cristo orar e interceder por los músicos que Dios ha levantado en su congregación y alrededor del mundo. Es probable que haya habido muchos músicos que no han seguido adelante con el Señor simplemente porque alguien en el Cuerpo no cumplió con su función de orar por ellos. No podemos dejar que esto suceda. Necesitamos buscar personas que tengan el ministerio de la oración para que levanten muros de protección en el Espíritu alrededor de aquellos que Dios ha dado en las congregaciones para que ministren en la alabanza. ¡No habría manera de hablar demasiado sobre este punto! ¡Ore, interceda y pídale a Dios por los músicos de su congregación!

Alguno preguntaría: «¿Y por qué oramos?». La lista que menciono en la sección de «cuidar y proteger» es una buena lista de oración. Además de eso, pídale al Señor que les dé cantos nuevos, nuevas fuerzas, protección, el dinero que necesitan para tener los instrumentos que se requieren para ministrar, la unción poderosa del Espíritu Santo para que al tocar en la presencia del Señor los demonios huyan, en fin, hay muchas cosas que le puede pedir al Señor en favor de los músicos y ministros de alabanza en su iglesia. *Después* de orar por los de su congregación, recuerde en oración a todos aquellos que viajamos y recorremos diferentes lugares ministrando al Cuerpo de Cristo universal.

Si pudiera lo repetiría mil veces: «*Oren mucho por sus músicos*».

La sección titulada «discipular», si la quisiera expresar en pocas palabras, la resumiría en esta frase: Pase más tiempo con sus músicos y ore mucho por ellos para que el Señor los pueda usar de una manera más grande.

APOYAR E IMPULSAR

La diferencia entre estas dos palabras es mínima. Además de apoyar (Diccionario Larousse: «hacer que una cosa descanse sobre otra»), también hay que impulsar (Diccionario Larousse: «Impeler, dar impulso, estimular»; a los músicos. Necesitan saber que tienen a alguien a quien recurrir y con quien apoyarse cuando están pasando por una necesidad (igual que toda la gente). Una de nuestras responsabilidades hacia ellos en el Cuerpo de Cristo es precisamente proveerles un apoyo y hacerles sentir que tienen a quien acudir para apoyarse en un momento de debilidad o confusión. Cuán importante es que la Iglesia reconozca el valor que hay en ser un apoyo a todos sus miembros, no sólo a los músicos.

Aparte de dar apoyo hay que impulsar a los que Dios nos ha dado para bendecirnos. El impulsar es la añadida responsabilidad de animar a que hagan las cosas que Dios ha puesto en su corazón y darles la herramienta necesaria. Cuando los impulsamos estamos «metiéndolos al ruedo» para que puedan ejercitar todas las cosas que Dios ha puesto en sus manos. Pero al meterlos al ruedo no los abandonamos como lo han hecho muchos, sino que estamos ahí con ellos velando por su bienestar, asegurándonos de que están protegidos (porque ese es otro de nuestros deberes), bien cuidados y animados para no flaquear y caer en la lucha. El impulsar a alguien es darle la oportunidad de usar sus dones, animarlo y ayudarlo cuando ha cometido errores, darle esas palabras que inspiren confianza, entusiasmo y valor en la tarea que se ha propuesto. Esto es impulsar. Tenemos la responsabilidad de no tan sólo apoyar sino también impulsar.

Hay diferentes maneras prácticas en que lo podemos hacer. Al leer lo que hizo David al establecer un orden en todo el reino, incluyendo el área de la música, me doy cuenta de que había un entendimiento por parte de la gente con respecto al lugar de importancia que tenía el ministerio de la música entre el pueblo. Si queremos ver un patrón extraordinario de alguien que impulsó y apoyó a los músicos de su generación nos basta con estudiar lo que hizo David al tener a más de cuatro mil músicos trabajando de tiempo completo en ese ministerio, totalmente apoyados y sostenidos por el pueblo. Necesitamos pedirle al Señor que nos dé ese mismo entendimiento para saber apoyar mejor a los ministros que Él nos ha dado hoy. Estas responsabilidades hacia los músicos también se pueden aplicar a todos los ministerios que Dios nos ha regalado en su Iglesia. Vamos a ver algunas de ellas.

1) «Finanzas»: ¡Espere! ¡Momento! Antes de que cierre el libro porque le asusté con esta palabra, siga leyendo un poco más. Me bendice el capítulo 31 de 2 Crónicas donde Ezequías, dirigido por Dios, reorganizó el ministerio de los sacerdotes y levitas. Después lo puede leer con más calma, pero lo que sobresale es el apoyo económico que recibieron por parte del pueblo. Por cuatro meses la gente

siguió trayendo regalos, provisiones y dinero hasta que se hicieron «montones». Esto sirvió para que los sacerdotes y levitas pudieran darse a su tarea de ministrar sin tener que preocuparse por el sostén de sus esposas e hijos. El Señor, *a través del pueblo*, se encargó de sus necesidades. El cuidar por el bienestar de nuestros pastores, líderes y ministros es una de las responsabilidades que tenemos como pueblo y Cuerpo de Cristo.

Hay historias muy tristes acerca de la manera en que los ministerios de música, sobre todo los itinerantes, han sido ultrajados y despojados por personas que obviamente no han entendido la importancia que tiene el ministerio de la música en el reino de Dios y se les hace fácil no apoyar e impulsar económicamente a estos ministerios. Sin temor a equivocarme diría que este es el desafío más grande que enfrentan los ministerios de música. Ya me he dirigido en este libro a los músicos acerca de cuál debe ser su actitud en cuanto a las finanzas (Capítulo 6: «El músico y su dinero»), pero debemos reconocer que al Cuerpo nos corresponde impulsar, a través de las finanzas a los ministerios que Dios está levantando. *La razón* principal por la que Dios movió al pueblo a apoyar a los sacerdotes y levitas en 2 Crónicas 31 fue para que ellos pudieran estar *libres* de preocupaciones para poderse dar a la tarea de ministrarle al Señor. Hoy día, LA preocupación principal de casi todos los ministros (y no tan sólo de música), está en el área de las finanzas, y es tiempo de que el Cuerpo de Cristo reconozca la tarea de apoyar a los ministerios que Dios está levantando en nuestro medio. Al apoyar de esta manera a los sacerdotes y levitas, dice 2 Crónicas 31.20 «Y [Ezequías] ejecutó lo bueno, recto y verdadero delante de Jehová su Dios» *Bueno, recto y verdadero* es el punto de vista que Dios tuvo con respecto al apoyo que el pueblo le dio a sus ministros.

En las congregaciones locales una de las maneras que

pueden apoyar e impulsar a sus músicos es proveyéndo-
les de la herramienta necesaria para poder ser mejores
ministros. En otras palabras, ¡Ayúdeles comprando algunos instrumentos! Muchas congregaciones invierten miles de dólares en muchas cosas (todas importantes), pero
tienen sistemas de sonido e instrumentos que se oyen mal,
cuando la gran mayoría de nuestro ministerio (en lo que
a reuniones se refiere) pasamos comunicando a través del
habla (predicación) y de *cantar y tocar* instrumentos (alabanza y adoración). Sin embargo, muchas congregaciones
no quieren invertir en «aparatos» para que se pueda *escuchar* mejor lo que estamos queriendo *comunicar* a la gente.
¿Se da cuenta de la necesidad de dar un lugar de importancia a los instrumentos y sistema de sonido? Esta es una
de las maneras en que usted puede apoyar e impulsar a
sus músicos.

En cuanto a los ministerios itinerantes de música,
después de leer este libro, se habrá dado cuenta de que el
Señor me ha dado una convicción muy fuerte con respecto
a cómo debemos comportarnos los ministros de música
que viajamos. He visto cómo el Señor ha bendecido y
prosperado a aquellos que no han quitado sus ojos de Él.
Sin embargo, el Señor provee para las necesidades de
nuestros ministros a través suyo y mío, y es nuestra responsabilidad expresarle a ellos lo que Dios nos ha dado.
Nunca me atrevería a expresarle los siguientes puntos a
menos de que los estuviera viviendo en mi propia vida, y
por eso me tomaré la libertad de hablarle con franqueza
acerca de algunas cosas que debemos cambiar. La siguiente es una lista de aspectos que han sucedido vez tras vez
con muchos ministerios, y en los que necesitamos crear
conciencia delante del Señor pidiéndole que nos ayude a
hacer nuestra parte para cambiarlos.

a) Si usted invita a alguien a ministrar en su congregación, se *sobreentiende* que usted se hace responsable de

sus gastos de viaje. Piénselo de esta manera: la persona que usted acaba de invitar estaba feliz y encantado pasando tiempo con su familia y seres queridos cuando llegó la invitación suya para llevarlo a otro lado para ser de bendición a usted y a los suyos. Si esa persona nunca solicitó una invitación ella no debe ser responsable de los gastos de su traslado, esa es *su* responsabilidad. Ahora, si la persona solicitó la invitación, que esta pague su propio traslado si es que usted acepta que llegue a su congregación. Después anime al hermano o a la hermana para que confíe más en que el Señor le abrirá las puertas a fin de que no esté autoinvitandose.

b) Si tiene la oportunidad de recibir en su congregación o en su evento a uno de los ministros que ha invitado, atiéndalo dignamente. Esto quiere decir que no se olvide de que es una persona como todas que necesita comer, dormir y descansar. No se olvide que generalmente esa persona no conoce la ciudad y por lo tanto está totalmente a expensas de sus anfitriones. Hay ocasiones en que las agendas y los horarios están llenos de tantas actividades que el ministro regresa a su casa como un trapo deshecho. Es cierto que estamos para servir, pero sea sensible a las necesidades personales y humanas de los servidores. Para un poco de humor en esto le cuento que ha habido ocasiones en que he tenido que solicitar a mis anfitriones que me regalen un poquito de tiempo para poder visitar el baño, porque se les había olvidado de que ¡sí lo visito! Por otra parte, si le ha tocado recibir un ministro de música que es perezoso y se quiere pasar todo el tiempo en la cama, le recomiendo que haga dos cosas: 1) ore y pídale al Señor mucha paciencia para poder soportar el resto del tiempo que tendrá que pasar con este «hermano», y 2) nunca lo vuelva a invitar a su congregación o evento.

c) Dentro de las posibilidades que el Señor le haya dado, sea generoso con una buena ofrenda de amor en agradecimiento por el tiempo que el ministro ha invertido sembrando en la visión suya. Recuerde que para muchos de ellos es el único ingreso que reciben y es nuestra responsabilidad ser generosos. Ha habido tantos abusos en este aspecto que en una ocasión algunos músicos por ahí quisieron empezar un «sindicato de músicos cristianos». Esto sería una barbaridad, además de ser un reproche al nombre de Cristo y un mal testimonio al mundo. Los sindicatos se empezaron con el propósito principal de «proteger» los intereses de sus integrantes contra sus empleadores. Si los músicos pudiéramos entender que nuestro «empleador» es el Señor de señores y Rey de reyes, descansaríamos en que Él nunca nos va a dejar y nunca nos va a abandonar. *Pero*, el Señor *usa* a personas sencillas como usted y como yo para traer el alimento y la bendición a su casa, para que puedan comer los sacerdotes y levitas que ha puesto. Cumplamos con nuestra responsabilidad y dejemos de estar cometiendo tantos abusos en este sentido.

Sería demasiado negativo hablar de los abusos y despojos que hemos vivido la mayoría de los que estamos en el ministerio, así que no le voy a dedicar tiempo dándole indebida gloria. Al fin de cuentas, le recuerdo que Jesús les dijo a los setenta cuando los estaba enviando delante de Él para prepararle el camino, que los enviaba como ovejas en medio de *lobos* (Lucas 10.3), así que cuando nos «devoren» los lobos no debe sorprendernos porque el Señor nos advirtió desde antes que esto es lo que iba a suceder. Pero, *no seamos lobos* que roban, ultrajan y abusan de los ministerios preciosos que Dios nos ha regalado. Cumplamos con nuestra responsabilidad en la tarea de apoyar e impulsar en las finanzas a aquellos que están dando sus vidas por la causa del evangelio. Si usted dio dinero a una persona que se hizo pasar por ministro y resultó ser impostor, que esto nunca lo detenga de seguir bendiciendo a otros. Le recuerdo que aun los impostores tendrán que doblar la rodilla y confesar a Jesús como el Señor, dando cuentas por cada cosa que hicieron, pero usted tendrá que dar cuentas por ese corazón tacaño que lo está dirigiendo. ¡Mucho cuidado! Nunca he visto al Señor bendecir a un tacaño.

2) «Envíe a sus músicos»: Otra manera en que podemos apoyar e impulsar a nuestros ministros de música es enviándolos a ministrar a distintos lugares. Recuerde pastor que dando es como se recibe. Si usted quiere recibir más bendición en su congregación en el área de la música y alabanza, siembre un poco en la congregación de algún colega en el ministerio. Envíe a sus muchachos para que sean de bendición a otros hermanos, y usted y su congregación son los que recibirán la mayor bendición. Dice usted: «Capaz que si los envío a esa congregación ya no regresen conmigo». Si usted dice eso le recomiendo que vuelva a leer la sección donde hablamos de pasar tiempo discipulando a sus músicos, porque es obvio que usted no tiene una buena relación con ellos y por eso existe la desconfianza. Pero al conocer estos su corazón y usted el de ellos, sus músicos pueden ir y regresar con los reportes de las maravillas que el Señor hizo a través de sus vidas, y la congregación se sentirá bendecida y animada. Sus músicos tendrán la inolvidable experiencia como parte de su formación. Esta es otra manera en que usted y yo podemos impulsar y apoyar a otros ministerios.

Hace muchos años empecé a recibir invitaciones de diferentes congregaciones y eventos como congresos de jóvenes y de alabanza. Me di cuenta de que había necesidad de conocer a más personas con un ministerio similar al mío para poder recomendarlos a aquellas personas que tuvieron a bien invitarme cuyas invitaciones no podía aceptar por causa de compromisos previos. De esta manera tuve la oportunidad y el privilegio de apoyar e impulsar a muchos ministerios en el Cuerpo, algunos de ellos hoy en día ya muy reconocidos. Nunca debemos pensar con egoísmo, es decir sólo en nosotros, sino que debemos buscar ocasiones de impulsar a otros dándoles oportunidades de crecer en el ministerio que el Señor les ha dado. Busque a alguien cerca suyo a quien pueda impulsar y apoyar de esta manera. Nunca le va a pesar haberlo hecho, se lo aseguro.

3) «Enlazar»: Esta es una palabra que se ha vuelto muy popular en los últimos años, y que simplemente significa juntar a dos o más personas que están en el mismo campo de trabajo para aprender el uno del otro y para servir el uno al otro en un intercambio de visión, ideas y experiencias. Los congresos y eventos que Dios ha levantado a través del mundo entero son una perfectísima oportunidad para hacer obra de enlace. Intercambiamos direcciones y números de fax y teléfono para poder mantenernos al tanto de lo que Dios está haciendo en las vidas de aquellas personas que están en situaciones similares a las nuestras. ¡Qué importante es esto! En estos tiempos juntos recibimos fuerza, consuelo, ánimo, nuevas ideas y muchísimas cosas más para ser útiles en la obra del ministerio. Como Iglesia, es nuestra responsabilidad enlazar a distintas personas que tienen llamados similares. Organicemos retiros, conciertos y/o eventos que puedan servir de tiempos de enlace para nuestros músicos.

Recuerdo que en 1989 el Señor me habló claramente diciéndome que quería que organizara un evento de enlace para los diferentes ministerios de música que conocía en aquel entonces. Nunca me imaginé que tomaría la fuerza que tomó, volviéndose en un congreso internacional a donde acudiríamos miles y miles de personas de todo el mundo de habla hispana, y lo que fue una pequeña idea, ahora se ha convertido en una bendición para muchísimas personas. Lo mismo puede sucederle a usted si se atreve a ser simplemente un canal de bendición para los músicos a su alrededor. ¡Inténtelo! Le aseguro que el Señor lo bendecirá. A Dios le gusta cuando usted y yo tenemos en el corazón el bendecir, apoyar e impulsar a sus ministros. Impulsemos y apoyemos.

Entonces, *¿Qué hacemos con estos músicos?* Todo lo que hemos venido hablando se puede resumir en la siguiente frase: *ame a sus músicos*, porque el amor cubre multitud de «pecados» (errores) según 1 de Pedro 4.8. Si usted puede tenernos paciencia y ayudarnos a conocer el camino por donde debemos andar, podemos ser de gran bendición para todos. Le ruego en el amor del Señor que se haga un compromiso de nutrir y alimentar a los músicos que Dios ha puesto en su congregación o a su alrededor. Hay un potencial tan grande radicando dentro de sus vidas, y sólo están esperando a que alguien les sirva de maestro para poder desatar todo eso que Dios les ha dado. ¿Podría ser usted ese «alguien» que Dios quiere usar? Espero que sí.

Tarea: Tómese un momento de hablarle ahora mismo a un músico que usted conozca y cuéntele que está leyendo este libro. Dígale que ha aceptado el desafío de orar por su vida y de apoyarlo e impulsarlo en su ministerio. Ahora, si el músico con quien está hablando no le contesta por un minuto, lo más probable es porque lo ha dejado estupefacto. Dele un momento para que recobre la conciencia y reitérele su amor, después invítelo a un café o mejor todavía a una carne asada. Si después de decirle esto no le contesta por un espacio de dos o tres minutos, cuelgue lo más pronto posible. Llame a una ambulancia para que lo vayan a recoger porque de seguro se desmayó (no se le olvide visitarlo en el hospital para seguirlo animando).

CONCLUSIÓN

EL MINISTERIO DE LA MÚSICA es uno de los regalos que Dios le ha hecho a su Iglesia. Los que nos encontramos involucrados en él, deberíamos sentir gozo y alegría al saber que el Señor desea usarnos con esta capacidad, y debemos tomar con mucha seriedad el papel que nos ha dado. El mundo entero está experimentando un gran mover del Espíritu Santo. Es un mover que involucra la oración y la intercesión, el evangelismo y la capacitación, pero que también incluye un despertar extraordinario en el área de la alabanza y la adoración. Es por eso que como músicos debemos sentir la carga que siente el Señor por las naciones de la tierra, dejar de estar «pasando el rato» con nuestra música y tomarla mucho más en serio, ya que el Espíritu Santo puede hacer uso de ella si se lo permitimos.

Mi oración es que con este libro alguien se inspire a unirse a las filas de la nueva generación de músicos que Dios quiere levantar hoy. Espero que aceptemos el reto de ser hombres y mujeres radicalmente comprometidos a utilizar nuestra música y nuestros dones, con el fin de traer libertad a los cautivos, vista a los ciegos y vida a los muertos. Seamos de aquellos salmistas que cuando ejecutemos música para el Señor los demonios tengan que huir ante la presencia poderosa del Espíritu Santo. Espero que tomemos la bandera de la excelencia y la levantemos en alto para que a través de nuestro compromiso musical y espiritual todas las naciones de la tierra se enteren de lo que sucede con los salmistas del Señor. Le pido a Dios que dejemos de ser conflictivos, contenciosos y problemáticos, y que dejemos de traer vergüenza y afrenta al ministerio de la música. Seamos un factor serio en traer unidad y bendición al Cuerpo de Cristo. Dejemos de dividir las congregaciones, y seamos hombres y mujeres entregados al Señor, a los pastores y a los líderes que Él ha puesto en nuestras vidas. Apoyemos, bendigamos y ministremos con autoridad, seguridad y confianza, sabiendo que la unción del Señor es la que rompe el yugo. Ya no salgamos en nuestras propias fuerzas para tratar de hacer las cosas, sino en las fuerzas de su poder, y veremos muchas más grandes y poderosas proezas en Jesús. Seamos profetas, sacerdotes y siervos para el Cuerpo de Cristo. Busquemos que la letra de nuestras composiciones sea aquella dictada por Él que está sentado en el trono. Dejemos de ofender a nuestros hermanos y a nuestras hermanas con la idea de que la música es entretenimiento, y de que debemos desarrollar un buen «programa» para que todos sean «bendecidos». Empecemos a usar la música para lo que el Señor la diseñó: guerra (liberación, alcance y evangelización), alabanza y adoración (ministrándolo y bediciéndolo a Él y a nadie más).

Hay una nueva generación de músicos que piensan distinto con respecto a su música y a sus vidas. Espero que usted sea uno de ellos. Que el Señor inspire su palabra en nuestras vidas para llegar a ser la clase de salmista que quiere que seamos. Que podamos ir por nuestros pueblos, ciudades, tierras y naciones proclamando vida, paz, esperanza, amor, redención, justicia, gracia, misericordia y todos los mensajes que Jesucristo vino a proclamar. Que llevemos el mensaje de Jesús a toda tierra cercana o lejana para que así muchos conozcan el amor incomparable de

Dios. Y qué mejor manera de llevarlo a través del «idioma universal del hombre»: la música.

¡Levántese salmista en el poder de la fuerza del Señor! Únase a nosotros los que queremos traer un cambio a nuestra generación y dejar huella para las futuras. Las cosas no tienen que seguir iguales sólo porque «así se hacen»; usted y yo podemos marcar una gran diferencia y pavimentar un nuevo camino con la ayuda del Espíritu Santo en nuestras vidas, camino que guíe a miles y millones a los pies de Jesús. ¡Acepte el desafío y comprométase con el Señor! Para eso nos ha regalado esos dones y esas capacidades.

Pastores, líderes, congregación, amigos y hermanos: les ruego que nos amen y nos tengan paciencia en el camino que hemos escogido. Sabemos que Dios aún está obrando en nosotros y que no somos perfectos, pero aspiramos a serlo más y más cada día, como Jesús. Corríjannos y muéstrennos en amor, paciencia, honestidad y confianza el camino por donde debemos andar, pero no nos abandonen, no nos condenen al ostracismo, sino acérquense porque los necesitamos. Oren por nosotros, intercedan y apóyenos con sus peticiones delante del Señor por nuestras vidas, nuestros talentos, nuestros ministerios y nuestras familias. Cerremos la brecha que ha existido por demasiado tiempo y trabajemos juntos para la construcción del reino de Dios y que Él siempre se lleve la gloria de todo lo que hacemos y decimos.

Quisiera terminar este libro citando un versículo que escribió Pedro:

> *Más el Dios de toda gracia, que nos llamó a su gloria eterna en Jesucristo, después que hayáis padecido por un poco de tiempo, él mismo os perfeccione, afirme, fortalezca y establezca. A Él sea la gloria y el imperio por los siglos de los siglos. Amén (1 Pedro 5.19).*

¡AMÉN!

MARCOS WITT
ENSEÑANDO
EN EL CENTRO DE
CAPACITACIONES

Primera generación de estudiantes

Para mayores informes comunicarse
directamente al C.C.D.M..
Apdo. Postal 407, Durango, Dgo.
México Tel-Fax (18) 13-60-03
y al Tel. (18) 11-81-29

En el mes de
septiembre de 1994
se inauguró el

Centro de Capacitaciones y Dinámicas Musicales

En la Ciudad de Durango, Dgo. México.

Visión que Dios puso en el corazón de Marcos y su hermana Lorena años atrás. Este centro es una escuela de música que tiene como propósito capacitar y levantar una nueva generación de salmistas y ministros de música para servir con excelencia al Cuerpo de Cristo, la Iglesia.